顾 准 __ 著

希腊城邦制度

读希腊史笔记

商务印书馆
The Commercial Press

图书在版编目（CIP）数据

希腊城邦制度：读希腊史笔记 / 顾准著. —北京：商务印书馆，2022
ISBN 978-7-100-20329-6

Ⅰ. ①希… Ⅱ. ①顾… Ⅲ. ①古希腊—历史—研究 Ⅳ. ①K125

中国版本图书馆CIP数据核字（2021）第177121号

权利保留，侵权必究。

希腊城邦制度
——读希腊史笔记
顾准 著

商 务 印 书 馆 出 版
（北京王府井大街36号 邮政编码100710）
商 务 印 书 馆 发 行
北京艺辉伊航图文有限公司印刷
ISBN 978-7-100-20329-6

2022年1月第1版　开本 850×1168　1/32
2022年1月北京第1次印刷　印张 6 3/8
定价：50.00元

目 录

代　序　多中心的希腊史 3
第一章　**什么是城邦** 9
　　城邦的自治 9
　　主权在民与直接民主 11
　　公民与公民权 12
　　兵制——公民军 15
　　官制 16
　　城邦的自给和闭关主义 18
　　"法治"的城邦 20
　　城邦能够发展成为帝国吗？ 22
　　城邦制度是从氏族民主直接演变过来的吗？ 24
第二章　**远古希腊存在过神授王权** 27
　　希腊史上的所谓英雄时代 27
　　考古发掘彻底更新了远古希腊史的面貌 29
　　克里特文明 31
　　迈锡尼和亚该亚人 33
　　亚该亚人的扩张 36
　　亚该亚人的迈锡尼王朝 39
　　议事会和公民大会 42

    多里安人的入侵 ……………………………………43
    希腊文明中心的东移 ………………………………46
第三章 **海外殖民城市是城邦制度的发源之地**…………47
    爱琴文明是海上文明 ………………………………47
    多里安人来到以后的海外移民 ……………………49
    移民海外的有利国际条件 …………………………51
    多里安人的海外移民 ………………………………52
    筑城聚居的必要性 …………………………………53
    自立门户与"分裂繁殖" ……………………………54
    经济发展和发展的方向 ……………………………58
    "二次殖民" …………………………………………60
    殖民城市和其母邦的关系 …………………………63
    以契约为基础的政体 ………………………………66
    初期殖民城邦的王政及其贵族阶级 ………………69
    贵族世裔的门阀政治 ………………………………71
    官制与兵制 …………………………………………75
    社会阶级关系的变化 ………………………………77
    希腊文明的中心再次移回本土 ……………………78
第四章 **希腊本土的城邦化与集团化** …………………………81
    希腊本土政治演变的多种类型 ……………………81
    科林斯等国的海外殖民 ……………………………84
    西息温、麦加拉、科林斯三邦的僭主政治 ………87
    斯巴达和拉凯戴孟同盟 ……………………………89
    拉凯戴孟同盟 ………………………………………93
    斯巴达兼并政策的失败 ……………………………94

特萨利亚 96
　　　雅典的统一运动 98
　　　阿尔哥斯和克里特 102
　　　彼奥提亚、福西斯、洛克里斯 103
　　　农村地区的建城运动 104
　　　近邻同盟 105
　　　奥林匹克庆节 107

第五章　公元前八世纪至公元前六世纪的希腊世界
　　　　——城邦制度的最后完成 108
　第一节　总述 108
　　　以本土为中心的希腊世界的形成 108
　　　希腊世界的经济变革 109
　　　贵族阶级寡头专政面临的新形势 111
　　　希腊诸邦历史演变过程的多样性与一致性 113
　第二节　国际环境、大移民和海外城邦 114
　　　吕底亚王国兴起与波斯帝国征服小亚细亚 114
　　　小亚细亚希腊人的避难移民 116
　　　僭主政体之盛行于小亚细亚 117
　　　黑海两岸的希腊殖民地城邦 118
　　　色雷斯 120
　　　埃及和希腊人在塞勒尼的殖民 120
　　　伊达拉里亚人和"大希腊" 122
　　　腓尼基和迦太基 123
　　　塞勒尼、马萨利亚和阿拉利亚 125

　　　　西西里岛上的希腊殖民城邦和希腊人与迦太基人
　　　　　在西西里岛上的长期冲突..................126
　　　　西方希腊的形成..........................127
　第三节　雅典民主的确立与城邦制度的最后完成........129
　　　　库隆暴动以前雅典的状况及其周围的环境........129
　　　　库隆暴动和德拉孔立法......................130
　　　　梭伦改革的背景..........................132
　　　　梭伦改革................................133
　　　　梭伦改革的经济后果......................134
　　　　梭伦改革的性质及其演变..................135
　　　　作为立法者的梭伦........................137
　　　　梭伦离职................................138
　　　　雅典的党争..............................138
　　　　庇色斯特拉托僭政的性质..................140
　　　　僭政倾覆与克利斯提尼改革................141
　　　　克利斯提尼改革的要点....................143
　　　　雅典民主的确立..........................145
　　　　希腊城邦制度的最后完成..................146
　第四节　僭主、立法者和民选调解官................147
　　　　僭主——不合法的王......................147
　　　　僭主是城邦特殊条件下的产物..............149
　　　　亚里士多德论僭主........................151
　　　　初期僭主的历史作用......................152
　　　　民选调解官..............................154
　　　　僭主和民选调解官何以不见于我国古代......155

立法者 156
第六章　城邦希腊从极盛到衰亡
　　　——公元前五世纪至公元前四世纪的希腊 158
　第一节　概况 158
　第二节　希波战争 160
　　　伊奥利亚起义 160
　　　马拉松之役 162
　　　马拉松之役后雅典的海军建设 163
　　　薛西斯的进犯和希腊本土的解放 163
　　　小亚细亚及爱琴海上希腊诸邦的解放 166
　　　希波战争的重大历史意义 167
　第三节　提洛同盟与雅典帝国 170
　　　提洛同盟的成立 170
　　　雅典帝国 172
　　　城邦雅典——帝国的中心 173
　　　城邦自治与民族统一的矛盾 174
　第四节　伯里克理斯民主——城邦希腊的极盛时代 179
　　　希波战后城邦雅典经济及社会状况的演变 179
　　　"战士共和国" 181
　　　公民、武装移民、外邦人和奴隶 182
　　　有报酬的公职 184
　　　雅典戏剧与观剧津贴 185
　　　公民权的严格限制 187
　　　元老院、执政官与将军 188
　　　公共工程——古典希腊建筑艺术的高峰 189

雅典——希腊文明的中心..................189
（以下内容缺）
伯里克理斯时代雅典公民对国家的忠诚服务和重大牺牲
雅典以外诸邦的一般状况
对伯里克理斯民主的批评
社会义务
取之于民，用之于民——贿赂。以后更进一步的发展
　滥用人民的积极性
第五节　雅典与斯巴达的争霸——伯罗奔尼撒战争
第六节　西西里帝国和博斯普鲁斯王国
第七节　城邦希腊的消亡和希腊文明的传播于广大区域——
　　　以马其顿为首的希腊同盟和亚历山大征服

后记..........................陈敏之　191

古代希腊示意图

代序　多中心的希腊史

一位历史家在评论希罗多德的《历史》一书的时候说：

"希腊文明的游牧形态，希腊生活的多中心，希腊殖民地之分布于东西南北，从法西斯（Phasis，今苏联高加索巴统附近[*]）到赫拉克里斯石柱（今直布罗陀海峡），从敖德萨（Odessa）到塞勒尼（Cyrene，今利比亚班加西附近），每一个独立的城邦的自给自足，这些希腊主义的强点同时又是它的弱点，使得文人们一直对希腊史感到绝望。就历史记载而言，文化上落后于希腊的古代文明——埃及和亚洲诸大王国，比之希腊世界那些小小共和国要幸运得多。代代相承的国王，统治着疆域广阔、人口众多的领土，为国家档案提供几乎是老一套的编年史；……又，王朝国家的疆域无论如何广阔，汉谟拉比（巴比伦王）或拉姆塞斯（埃及法老）的诏旨总是驰传于全国的：一个帝国为历史提供了描述和记忆的地理范围。但是，从亚该亚人的来到直到薛西斯（Xerxes，波斯大帝居鲁士之子）的进犯（希波战争）为止，

---

[*] 本版没有对全书正文（包括正文中的诸多引文）中对于地名的解释说明按照现在的情况进行修改，保留了原文。

在希腊历史和希腊文明领域内,并不存在什么能够有权要求管辖全希腊,甚至某个地区的最高政治权力。某种性质的团结是存在的,即一种精神上的并且是愈来愈紧密的团结——宗教、语言、制度、风尚、观念、情绪,全都趋向于这种团结。不,还不止这些,围绕底比斯(Thebes,旧译忒拜)、雅典和伯罗奔尼撒诸中心的周围,或在伊奥利亚(Ionia,今土耳其小亚细亚西海岸中部),在大希腊(今意大利半岛南部),在利比亚,甚至在黑海(Pontus)或者直到远西[以马萨利亚(Massalia)即今法国马赛为中心的一群城市],有结成集团的,有合并的,有近邻同盟,有统一运动;但是你仍然不能通过推理从树木看到森林……"(梅根:《希罗多德和修昔底德》,第V卷第19章,*Herodorus and Thucydides*, by R. W. Macan, ch. 19, vol. V, c. a. h.)

这位历史家说的是迈锡尼时代后期到希波战争以前约七百年间的希腊。那么希波战争以后怎样呢?是的,领导希腊人抵抗波斯进犯的是雅典和斯巴达,古典时代的希腊史基本上是以希腊本土的这两个强大国家为中心的历史,然而,一方面,这两个国家甚至谁也没有完全掌握过希腊本土及其密迩诸岛屿诸城邦的最高政治主权;另一方面,还有许多"边远"的即黑海、意大利南部和西西里、利比亚、远西希腊诸城邦,根本从未处于这两个中心国家支配之下,各自独立发展,虽然它们本身也不同程度地集团化了。甚至亚历山大征服以后,希腊化王国也还有好几个。希腊史,从头到尾是多中心的。

这种历史上少见,在我们中国人看来更觉难于理解的现象,首先可以用希腊的城邦制度来加以解释。

所谓城邦,就是一个城市连同其周围不大的一片乡村区域就是一个独立的主权国家。这些独立的主权国家疆域是很小的:

"除斯巴达(Sparta)而外,阿提卡(雅典)是全希腊仅有的,领土相当广阔,却一直处在一个单一意志指导之下的国家,和阿提卡1,000平方英里(相当于中国纵横百里的一个大县。——本书作者)的领土相比,任何其他希腊城邦的领土是很小的,彼奥提亚诸城邦,除底比斯而外,领土面积平均为70平方英里(纵横25华里。——本书作者),西息温(Sicyon)140,夫利阿斯(Phlius)70,科林斯(Corinth)350,优卑亚八城平均180,甚至只有一个城邦的海岛基俄斯(Chios)只略多于300,而此岛还是最大的。

塞维阿·赛尔彼喜阿斯(Servius Sulpicius,公元前一世纪的罗马将军)写信给西塞罗说:'当我从亚洲回来,从埃吉纳岛(Aegina)航行到麦加拉(Megara)去的时候,我开始观察我周围的地方。在我后面,我可以见到埃吉纳岛,前面看到麦加拉,右面庇里犹斯(Pireaus,雅典的海港),左面科林斯。'"(阿德科克:《希腊城邦的兴起》,第Ⅳ卷第26章,*The Growth of Greek City-states*, by Adcock, ch. 26, vol. Ⅳ, c. a. h.)

在古希腊史上留下了那么多史迹,并传下了那么多学术文化遗产的就是这些小城邦。这些小小的城邦不仅是独立的主权国家，而且直到亚历山大事实上把它们降为一个大帝国中的自治城市以前，它们各自顽强地坚持了它们的独立，那些握有霸权的"大国"，企图控制它们，往往也确实控制了它们，然而很少有吞并掉它们的。即使某个城邦被它的强大邻邦所真正毁灭了，不久，战胜了这个邻邦的另一个霸权城邦也会来"兴灭国，继绝世"，召集流亡在外的公民把它恢复起来。

"这些城邦显得具有某种个性，这种个性愈是高度发展，愈是强烈地被意识到，就愈不愿意哪怕是部分地牺牲它。……每个城邦向它的邻邦要求它的自由和自治，要求有权按照它自己的意愿处理它自己的事务。……城邦虽然不容忍它境界以内主权的分割，对它邻邦的独立却是容忍的。防卫的意志超过了攻击的意志。事实上，领土的扩张亦即东方诸帝国内占支配地位的帝国主义，在希腊诸城邦却出奇地微弱。希腊人缺乏疆域广阔的政治重要性的那种感觉。他们愈是清楚地意识到他们国家的和宗数的社会一致性，他们愈是不愿意扩张，因为扩张意味着他们密切的共同生活松懈下来了。他们打算统治邻邦，却不打算吞并邻邦，更不愿意在一个较大的联盟内放弃他们的独立。"（同上）

城邦制度既是希腊的传统，也是希腊政治思想的不可违背的潮流，是希腊政治学的既存前提，离开了城邦制度就没有政治学。柏拉图（Plato）的《理想国》，无论他的"理想"内容如何，他所理想的国家是一个城市国家，即城邦。亚里士多德

（Aristotle）的《政治学》把城邦规定为"至高而广涵的社会团体"，他的政治学，不折不扣是城邦政治学，离了城邦就没有什么政治学可言，东方式的专制主义大王国，在他看来是一种"野蛮人"的制度，是摒除在他探讨范围之外的。

查考一下希腊语中关于城市、城邦、政治、政治学等名词的变化，也是很有趣味的。吴寿彭在《政治学》译注中说（以下，希腊文词汇都用拉丁字母写出）：

> "'波里斯'（Polis）这字在荷马史诗中都指堡垒（城堡）或卫城，同乡郊（Demos）相对。雅典的山巅卫城'阿克罗波里斯'（Acropolis），雅典人常常简称为'波里斯'。堡垒周围的市区称为'阿斯托'（Asty）。后世把卫城、市区、乡郊统称为一个'波里斯'，综合土地、人民及其政治生活而拥有了'邦'或'国'的意义。
>
> ……由'波里斯'衍生出几个重要名词：（一）Polites（波里德斯），为属于城邦的人，即'公民'。（二）Politeia（波里德亚）：（甲）公民和城邦间的关系；（乙）由这种关系形成全邦的'政治生活'；（丙）把这种关系和生活厘定为全邦的政治制度，即'宪法'；（丁）有时就径指该邦的'政府'。（三）Politeoma（波里德俄马）：（甲）公民团体；（乙）较狭隘的公务团体；（丙）有时就和波里德亚相同，或为政体或为政府。
>
> 从'波里斯'孳生的词类还有形容词Politikos，作为名词……指'治理城邦的人'，现在还泛指各种国家的治理者即政治家。Politics，亚氏原指城邦政治的理论和技术，

现在也通用为各种团体的政治学。"〔亚里士多德:《政治学》,商务印书馆1965年版(下同),第110页译注〕

关于希腊城邦的"波里德亚"(Politeia),亚里士多德说:

"这里,我还得陈述'波里德亚'(Politeia)和僭主政体两个类型……
'波里德亚'的通义就是混合(寡头和平民)这两种政体的制度;但在习用时,大家对混合政体的倾向平民主义者称为'共和政体',对混合政体的偏重寡头主义者则不称'共和政体'而称贵族政体……"(同上书,第198页)

我认为,希腊人习惯于把非王政的政制,不管是贵族还是共和,称作"波里德亚"(Politeia),这就是"城市国家的政制"的意思。贵族平民(或共和或民主)之分是后来的事,开头的时候无非是贵族制度——不过那是合议制,而且,最初说不定还是平民的哩——因为始建一个殖民城邦,人数有限得很……

第一章

什么是城邦

城邦制度,是希腊文明一系列历史条件演变的结果。究竟是一些什么历史条件,演变出来这样一种制度,正是本文所要探讨的。在探讨这个历史过程以前,有必要先把城邦这个概念弄清楚。

城邦的自治

前面已经说过,城邦,是以一个城市为中心的独立主权国家。这里所说的"以一个城市为中心",显然就排除了领土广阔,包含多个城市的国家。那种国家是"领土国家",而不是城市国家。领土国家因为疆域广阔,人民之间不可能有紧密的政治生活,或者换一句涉及下面将要详加讨论的"政体"问题的话来说,领土国家没法实行主权在民的"直接民主"制度。所以,城邦首先是迥异于领土国家的"城市国家"。

城邦是"独立主权国家",不过这里所说的"独立主权"的意义是相对的,因为按照希腊人的概念,甚至"参加"在某个"帝国"内的城邦,只要有自己的法律,有自己的议事会、执政官和法庭,它还是一个城邦。这里需要特别说明一下,我们中国人一说到帝国，总不免要把它等同于我们历史上秦汉以来的郡县制的大帝国。可是希腊人所称的"雅典帝国""斯巴达帝国"之类的帝国，其实不过是以雅典和斯巴达为盟主的"联盟"，有点像我国春秋时代齐桓、晋文的"霸业"。盟主向加盟国家征收贡赋，要他们出兵加入盟军，在不同程度上干涉加盟国家的内政等等。不过，第一，盟主没有周"天王"那样神授的最高王权[①]；第二，至少在形式上和理论上盟主不能委派加盟城邦的执政者，虽然扶植加盟城邦内亲附自己的政派和人物总是少不了的。帝国既非郡县制的帝国，参加在某个帝国内的城邦起码还是一个自治共和国；另一方面，希波战争以后，亚历山大征服以前，一百四五十年间希腊的"帝国"亦即"霸业"，变动实在频繁。"霸权"从雅典手里转移到斯巴达手里，又从斯巴达手里转到底比斯手里等等。可是城邦还是这些城邦，灭亡了的是有的，例如米罗斯（Melos），但那是极少数。于是，城邦的意义也就大大超过了一个帝国内的自治共和国，以后亚历山大征服结束了城邦分立的状态，但是，城邦政治的流风余韵，在罗马时代和欧洲中世纪时代，一直流传不衰，还对近代西方历史产生了极其强烈的影响……

所以，要理解希腊城邦制度，首先不要和我国春秋时代及其以前的小国林立相混淆。春秋以前诸小国，虽然政制各异，各专征伐，然而从有史时代开始，就有一个凌驾于他们之上的神授的最高政治权威，在周代，是周"天王"；在殷代，是有时称为"帝"

[①] 五霸时代的政治，至尊和至强不是集于一人的。至强的是霸主；至尊的是天子即周天王。"尊王室"是霸主的霸业所必不可少的政治口号。希腊历史上这样的王权是有过的，后面还要说到，不过，至少从公元前十一世纪起，这样的全民族的"神授"的政治权威就已经不复存在了。

的殷王朝；在夏代，是称为"元后"（相对于称为"群后"的"诸侯"国家）的夏王朝。希腊远古时代有过这样的最高政治权威（亚该亚人的"万民之王"——迈锡尼诸王），然而从多里安人征服以后，这样的最高政治权威就已经不存在了。其次，春秋及春秋以前，诸小国一直处在相互兼并过程中，这种兼并过程，直到秦始皇的大一统的郡县制的大帝国才告结束。在此以前，虽有孔子的"兴灭国，继绝世"的绝望号叫，兼并一直被认为是伟大的王业。希腊有史时代，也有过这样的兼并，斯巴达征服美塞尼亚即其一例，然而兼并受到极其强烈的抵抗，以至例如斯巴达就不得不很早就从兼并转为"同盟"政策（见后第四章）。自此以后，希腊世界内部政治上的集团化，一般都采取"同盟"形态，甚至事实上结束了希腊城邦制度的亚历山大，他之对待希腊本土诸国，表面上也只能采用同盟的方式。

主权在民与直接民主

我国古代的小国林立，和希腊城邦究竟还有某些相同之点，可是，希腊城邦制度的另一个特点，亦即使得这些蕞尔小邦顽强坚持其独立的主权在民与直接民主制度，则是我国古代从来不知道的东西了。所谓直接民主制度，是指城邦的政治主权属于它的公民，公民们直接参与城邦的治理，而不是通过选举代表，组成议会或代表大会来治理国家（即所谓代议制度）的那种制度。在这种制度下：

"凡享有政治权利的公民的多数决议，无论在寡头、贵

族或平民政体中,总是最后的裁断具有最高的权威。"(亚里士多德:同上书,第199页)

直接民主制度,可以以伯里克理斯时代的雅典(公元前443—公元前429年)为例。雅典的全体公民都要出席"公民大会","公民大会"每月举行二至四次,解决城邦的一切重大事件:宣战与媾和问题,城邦粮食问题,听取负责人员的报告,握有国家的最高监督权,审查终审法庭的讼事等等。每个公民在公民大会中都有选举权,每个公民都有可能被选为"议事会"的成员,每个公民都要轮流参加陪审法庭。陪审法庭的成员多达六千人,而当时雅典的公民总数,最高的估计也不会超过六万人。当时的实际政权由"十将军委员会"掌握,将军任满离职要接受审查,有叛国行为或作战失败的要受到裁判,法庭和公民大会可以没收其财产,可以加以放逐或处死等等。

直接民主制度唯有在领土狭小的城市国家中才有可能。在这些国家中,乡居的公民进城参加公民大会可以朝出暮归,人们相互间比较熟悉,一国政务比较简单,易于在公民大会中讨论和表决。在领土广阔的国家,这些条件是全不具备的。所以,城邦制度和直接民主两者是互相依赖、互为条件的。

公民与公民权

那么,什么是"公民"呢?从字源上来说,"公民"(Polites)原意为属于城邦的人。不过,在古代希腊的任何时代、任何城邦,它绝不是指全体成年居民而言。妇女不是公民,奴隶不是公

第一章 什么是城邦

民,农奴不是公民,边区居民不是公民,外邦人也不是公民。即使除去奴隶、农奴、边区居民和外邦人而外,祖籍本城的成年男子,能够取得公民权利的资格,在各邦的各个时期也宽严不一。比如说,古典时代的雅典,凡是自备甲胄武器和马匹,参加公民军当骑兵和重装步兵的富裕阶级或中等阶级的成年男子是公民,参加海军当桨手[①]的贫民阶级,领取国家发给薪饷的,也是公民。但在伯罗奔尼撒战争中"三十僭主之治"的时期,僭主们规定雅典公民只能有五千人。"三十僭主之治"被希腊人看作政权被僭夺的时期,当时的五千人连名单也未公布,所以只能称是变态,不能算是常态。在通常状态下,希腊诸城邦的公民资格虽然有种种差异,凡是自备甲胄武器,不领薪饷地参加公民军的那部分成年希腊居民,包括已经退役的老年人在内,总是它的公民,或至于是它的公民中的主要成分。这并不是说,无公民权的外邦人、农奴如斯巴达的黑劳士(Helots)就没有从军义务了。他们也要从军,不过在军中参加辅助部队或任军中杂役。在战争的紧急时期,也有征召"买来的奴隶"当战舰的桨手这类事情发生,不过这终究是少数。

"公民""公民权"等等,不见于我国古代,也不见于埃及、两河流域等早于古希腊或与古希腊同时的"东方"各帝国。要详细考证这种政治法律概念在希腊起源于何时何地,怎样进一步演变到古典时代那样明确的程度,即使在直接继承了希腊文明的西方,那里的史学家拥有大量文献碑铭和地下文物资料,这个

[①] 希波战争前后,希腊战舰兼用风力和人力。当时比较旧式内战舰,每舰有五十个桨手,比较新锐的战舰称为三列桨战舰,桨手分布于高低三排座位上,每舰备桨手一百五十人。

任务也许也不是容易的。看起来,这是在长期历史演变中不知不觉地形成的,正如"Polis"一词从城堡变成城市,变成城市国家一样,"组成城市国家的人"即"Polite",也在漫长的历史时期中,一次又一次发展它的涵义,同时也加上一重又一重的限制,逐渐变成了亚里士多德下述定义中的公民和公民组成的城邦:

"(一)凡有权参加议事或审判职能的人,我们就可以说他是那一城邦的公民;(二)城邦的一般涵义,就是为了要维持自给生活而具有足够人数的一个公民集团。"(亚里士多德:同上书,第113页)

亚里士多德上述定义,是从公民权利方面来界说公民的含义的。假如我们参照希腊城邦的兵制即公民军或"民兵"制度,把公民的权利和义务两方面一起来考虑,那么我们可以形成这样一个概念,即公民是城邦的主人,他们有"执干戈以卫社稷"的义务,同时有权参加城邦内议事或审判的职能,这一方面可以借此理解城邦的"主权在民"及直接民主制度的诠释,借此理解"公民是自己的主人","公民是轮流地统治或被统治",或用吴寿彭的译语(亚里士多德:《政治学》)叫作"轮番为治"的意思。希腊有过以中小农公民为主的农业城邦,它们的基本人口是公民及其家属,在历史的某个时期发挥过很重要的作用,"轮番为治"的直接民主曾显示出强大的威力。然而,我们也应该把"主人"一词理解为,公民是城邦内一切非公民——农奴、奴隶、外邦人、边区居民甚至他们自己家里的妇女与小孩子的"主人"。希腊的奴隶制(包括农奴制)固然有其自己的历史,后面我们还要专节介绍，不过城邦及其公民的含义，本来也不可避免地要引导出奴隶和奴隶制的概念来。

兵制——公民军

前面已经指出，希腊诸城邦的军队是公民军，它是战时征集，平时离营的民兵，每个战士的甲胄、武器、马匹，都是由自己出资购办，而不是由国家供给。战时在营时期，给养通常也由战士自备。战时给养自备看起来是离奇的，但是只要想到，在著名的几次大战争以前，在漫长的历史时期中，希腊诸城邦所碰到的"战争"，多半是相邻的两个城邦或几个城邦之间的局部冲突，战争不过比一比胜负借以解决某项争端，通常不致发展到有关城邦存亡的地步，那就可以设想，这种制度完全是行得通的。希波战争以后，尤其是伯罗奔尼撒战时及战后，战争愈来愈频繁，这种公民军制度也愈来愈行不通。开始是公民军领薪饷，以后是雇佣军逐渐取代公民军，随之而僭主政治逐渐代替"主权在民"的政体，那时希腊的城邦制度也已经奄奄一息了。

公民军不是常备军，雇佣军才是常备军。一般说来，公民军的统帅是选举的，唯有斯巴达有常任的统帅——它的两个王[①]。在古希腊史籍中我们常常读到，著名的统帅如彼奥提亚（Boeotia）的埃帕梅农达斯（Epaminondas）在他当将军任期已

[①] 参看塞尔格耶夫：《古希腊史》，第162页。斯巴达的两个王产生于两个有势力的氏族，即阿基太族（Agidac）与欧里篷提泰族（Euripontiadae）。王（巴西琉斯）统率国军（征战时由二王之一统率），审判主要有关家族法的案件并执行某些祭礼的职权。——原编者注

满而未被连选为将军的时候,就以普通战士的身份从军作战。顺便说说,古希腊的军队人数一般并不太多。亚历山大出征波斯,出发时全军不过三四万人。除此而外,战争双方各有三五千重装步兵的战役就是很大的战役了。一方面因为军队人数较少,一方面因为希腊人重视个人勇武和体育锻炼,所以战争中的统帅都列在军阵内参加战斗,而不仅仅是"指挥员"。

古希腊的公民军制和我国春秋战国时期的兵制显然大有区别,这里不打算做详细比较。军制不同,武器供应方式也随而不同。希腊公民军武器甲胄既由从军公民自备,所以武器制造作坊是一项重要的私人企业;而我国自殷代以来,武器制造就由王家垄断,所以有"食官"的"百工"……

官制

"主权在民"的希腊城邦的"官制",也具有它自己的特色。一般城邦所设行政官员,亚里士多德介绍为:(一)将军或统帅,(二)市场监理,(三)城市监护,(四)公共水源管理,(五)乡区监护,(六)司库,(七)登记民间契约或法庭判决的"注册司",(八)执行法庭判决刑罚的"执罚员"及"典狱官"等等(均见《政治学》,第329—338页)。这些行政官员都是义务职,不支薪金。其中,执罚员或典狱官有青年公民帮助他们执行职务。其他行政职务,在小邦无需常任吏员,在大邦如雅典,因为政务繁忙,常任吏员是不可缺少的,这些吏员就由国家奴隶充当。尤其有趣的是,雅典有常备警察,他们是国家买来的奴隶,通常是斯基泰人(居于黑海北岸南俄草原的一个民族),称为"弓手",

第一章　什么是城邦

或称"斯基泰人"。这些奴隶的待遇倒还不错,每人每天领取的"给养"相当于出席公民大会或陪审法庭的公民所领的津贴,也可以自行觅取居住的地方等等。

希腊城邦行政官制的另一个特色是,全部行政官员并不组成为某个行政首脑统一领导之下的"政府"。各种行政官员任期不一,全都由公民大会或其他相应机构直接选出,各自独立对公民大会或其相应机构直接负责。这样的做法使得公民大会就要直接处理许许多多具体行政事务,不免有轻重并列、本末倒置的危险。为了补救这种缺点,于是由议事会〔它由公民大会选任,或由城邦的每一个基层组织如村坊(Demos)各别推选定额人员组成〕对应该提交公民大会的各项议案和报告先行预审,分别轻重缓急,也许还附加处理意见,然后提交大会。公民大会人数众多,无法进行详细讨论,通常只能就议事会提出的议案加以批准或否决,所以议事会是一个实际掌握行政权的机构。

以上介绍,实际上已经超出我国传统的所谓"官制"亦即行政机构(或者按照西方传统称之为"官僚机构")的职掌、分工、品级、编制等问题,而涉及整个政制问题了。确实,希腊城邦政制,不许有单个政府首脑统一领导下的无所不能的行政权力,使得公民大会或议事会只成为"陪衬"这个行政权的"清谈"的议会,这是直接民主制度的重要组成部分。不仅如此,法庭也是由公民大会选任的,法庭也得对公民大会及议事会负责,重大讼案的上诉和终审机构是公民大会本身。近代西方的立法、行政、司法三权分立制度,是古代希腊所不知道的。理解希腊城邦政制的这个方面,再来读马克思的《法兰西内战》和列宁的《国家与革命》,确实可以使我们对于马克思和列宁何以倡导直接民主制,何以猛烈抨击"议会清谈馆",获得深一层的理解。

正如希腊的兵制一样,希腊的"官制"也和我国古代"官制"有原则上的区别。从远古时代起,我国专制君主下就已经有十分发达的行政机构(或"官僚机构")了。《周礼》列举的庞大的行政机构固然是战国和汉代官制的杂凑,西周初期周王廷下面的庞大政府机构,从郭沫若考释的西周金文也可窥见一二,这种传统大概还可以推溯到殷代……

城邦的自给和闭关主义

现在再回过头来看看亚里士多德的定义。

亚里士多德的定义中有"自给生活"一语,这在理解希腊城邦制度时也是极端重要的。自给(Antarkeia, Antarky)是指经济上的自给自足。一个城市国家,除非像斯巴达那样禁止贵金属流通,严格禁止奢侈,当然谈不到现代所谓的经济自给,即没有原料与市场的对外依赖。上面所谓的自给,既指通过某种经济政策保障城邦的粮食供应(如在雅典)之类的经济问题,也指限制外邦人购买地产,借以保障公民的财产权的法权问题,恐怕也推及于城邦的一般闭关主义——外邦人没有公民权,也不能入籍为公民,力谋使城邦成为它的"特权公民的特权公社"。变例是有的。从"放宽"一方面讲,梭伦立法允许外邦人入籍(见后),因为那时雅典力图发展它的手工业,借此吸收外国艺匠(其中有许多是埃及人)到雅典来。从"抓紧"一方面来说,斯巴达由于害怕外邦人的进入有碍于它的严格的军营生活和军事纪律,实施排外条例,禁止外邦人无故入境。除此而外,希腊城邦如雅典允许外邦人入境，甚至允许希腊的或非希腊的蛮族外邦人世世代代在那里居住下去，然而不得入籍为公民，不得购买土地，与本国女子结婚不得视为合法婚姻，还要交纳雅典公民不交的人头税等等。我们只要想到希腊诸城邦实际上一般超不过我国一个县，其中有些城邦是全希腊的经济中心，是古代的大城市，它的经济中心的地位不可避免地要吸引大量人口到那里去，我们就可以想见，这种闭关主义和自给自足，造成了公民和外邦人之间怎样的严格界限，又怎样不可避免地促成奴隶经济的形成和发展了。在并非经济中心的农村地区如斯巴达则有农奴制和边区居民制度，它们的存在，是这个"维持自给生活……的公民集团"性命攸关的前提条件，所以斯巴达要有十分严格的制度来维持这种残酷的阶级统治。

然而，城邦的自给原则和闭关主义，在发达的海上贸易和频繁的邦际交往的状况下，确实还发展出一套国际惯例，这就是后代国际法的萌芽。这些国际惯例中，首先是"外侨招待制度"，即规定公民根据互惠原则招待外侨的一种制度。塞尔格耶夫引公元二世纪希腊作者波吕克斯（Pollux）的话说：

> "招待外侨者乃是居于别邦（指本人的城邦）而对全邦（指外人的城邦）做一般性服务的人，例如，负责供给外来者的住宿，在必要时替他们找到公民大会的进程或者剧场的座位。"[①]

[①] 《古希腊史》，高等教育出版社1955年版（下同），第277页。——原编者注

招待者的服务是自愿的,也是荣誉的。这种招待者逐渐成为两邦政府的中间人,外交谈判通过他们进行,到城邦来的使节也先到本邦的招待所,这是后来的使馆和领事馆的萌芽形式,不过招待者不是外邦派遣的使节,而是本国公民为外国办理他们的事务,并且始终保持着私人待客的性质而已。

频繁的国际交往又发展到两邦间订立等权协定,即许给一国公民在别国享有该国公民所享有的国家法和私法上的权利;它还发展成为商业条约,即规定不同城邦公民间有关商业、信贷业务、各种买卖契约的种种诉讼程序上的法规的条约;发展成为国际仲裁的惯例,仲裁者是争端双方同意的第三者等等。

同样的原因,在希腊诸邦之间也逐渐发展出一套关于宣战媾和、同盟条约、和平条约、交换战俘、为发还对方阵亡者尸体而协议休战等等的国际惯例。我们读古希腊作家留下来的史籍,比如说修昔底德的《伯罗奔尼撒战争史》,往往不免怀疑,那里所说的一套国际惯例是不是把古史现代化了。然而作者确实是生在希腊的古典时代,而且是伯罗奔尼撒战争中雅典的一个方面军的将军,因战败撤职而从事写作的。

"法治"的城邦

正如自给自足和闭关主义的城邦,在国际交往上要发展出一套国际惯例和国际法的萌芽来一样,城邦公民集团"轮番为治"的原则,也使得它必须发展出一套国家法和私法来。换句话说,城邦必定是"宪政国家"或"法治国家"。既然是"轮番为治"的公民团体,城邦当然高于它的每一个个别公民,也高于它的一切统治者，这是城邦的"民主集体主义"——一种以公民最高主权为基础的民主集体主义，所以，它必须有规章，要按规章治理。同时，城邦既然是自给的和闭关的，它也必须有各种法律来保障这种自给的和闭关的生活。这就是说，城邦要有关于公民资格、公民的权利与义务的法律，要有行政机构、议事机构和法庭的选任、组织、权限、责任的法律，这些是国家法，即宪法。还要有关于财产、继承、契约等等的私法，以及把血族复仇的古代惯例转化为国家负责惩处犯罪行为的刑法。于是政治和法律两者密切相关，甚至在某种程度上是同义语——柏拉图的主要政治著作之一题为《法律篇》，亚里士多德同样性质的著作题为《政治学》。"立法者"（Lawgiver）是政治家，而不是法典的技术性编纂者。

由此又派生出另外一种重要的后果。城邦的公民是分为阶级的，政治权力的分配，各种政策的制定和政务的执行，私法、刑法法典的制定，重大诉讼案件的判决，都与相互冲突的各阶级利益有关，一句话，城邦的法律反映统治城邦的阶级的意志。虽然如此，凡包括在公民团体内的各阶级，既然都有参与议事和审判的权利，这些阶级相互之间的阶级斗争，在一定程度上就会在法律范围内进行，表现为公民大会内、议事机构内、陪审法庭内的合法斗争。唯有当阶级对抗不可能在法律范围内解决的时候，才会演变为政变或革命，亦即演变为法律以外的暴力斗争。至于公民团体以外的，亦即在法律上没有政治权利的那些阶级对公民团体或公民团体内某个阶级的斗争，那只有一开头就采取法律范围以外的激烈形态，这就是斯巴达的农奴暴动，雅典等城邦奴隶逃亡和奴隶暴动等等。这也就是说，城邦制度使得公民团体以内诸阶层组成政治上的阶级，组成各有自己政纲的政党或政派，使宪法范围内的政治斗争直接反映各阶级之间的斗争。阶级斗争的这种形态不见于专制主义的王政国家。在那里，相互对抗的各阶级利益不可能表现为各政党各政派的政治纲领，因为那里根本不可能存在什么政党，斗争也不可能在"宪政"范围内进行，它在平时采取曲折得多、隐蔽得多的形式，到矛盾尖锐到极点的时候，就要爆发为武装起义和王朝更迭了。

城邦能够发展成为帝国吗？

本节一开始，我们分析了城邦与领土国家的区别，然而必须指出，古代希腊并非没有领土国家类型的城邦。这里所说领土国家类型的城邦，并不是指若干城邦的联盟，因为联盟内诸邦是自治的，它们都具有相对的独立主权。这里指的是斯巴达，某种程度上特萨利亚（Thassaly）也是。拿斯巴达来说，它以万人左右的特权公民统治区域广阔的"边区居民"所住的区域和市邑，统治为数众多的农奴身份的黑劳士。"边区居民"究竟处在什么地位呢？修昔底德告诉我们，斯巴达南边一个海岛锡西拉（Cythera），为边区居民所居住，有他们自己的城市，在这个城市范围内他们有某种程度的自治权，然而，斯巴达的军政大计他们无权参与，他们的城市还有斯巴达特派的"事务官"（总督），他们要交纳贡赋。[①]斯巴达的边区居民占地辽阔，锡西拉不过是一

---

① 参看《伯罗奔尼撒战争史》，商务印书馆1980年版（下同），第297页。——原编者注

个例子而已。以锡西拉的例子来推论,由万人左右的公民组成的斯巴达国家分明是一个领土国家,锡西拉之类边区居民城市则是这个领土国家的一个自治市。

斯巴达不是严格意义上的城邦,西方历史家通常都赞同这种说法。它在古希腊史中是一个变例。有这样一个变例,不足以变更希腊史上城邦制度的特点,何况它的政制中自治、自给、主权在民、直接民主等特点,大体上和一般希腊城邦还是一致的。在这里,我们是想提出一个问题,既然古希腊的城邦,有的事实上是领土国家,那么,一般说来,强大的城邦可以通过征服建立一个帝国吗?

古希腊的史实,对这个问题基本上做了否定的答复。斯巴达的"边区居民"诚然是通过被征服而臣服于斯巴达的,但是当斯巴达想进一步征服更多的地方时就碰了壁,而且,正是为了保持已经臣服于它的边区居民和农奴,才使它不得不在它的公民集团中建立那么严格的一套制度。变例是有的,今南俄克里米亚和塔曼两半岛上的潘提卡彭(Panticapaeum)和西西里的叙拉古(Syracuse)的希腊殖民城邦后来蜕变成了王国。十九世纪英国希腊史家格罗脱(Grote)对此做了这样的解释:这两个地方的环境有利于僭主招募非希腊人为雇佣兵,王国是依靠雇佣兵建立起来的。我觉得这种解释是合理的,因为自治、自给、主权在民的城邦,邦与邦之间,本邦公民与非本邦公民之间的界线十分森严,这种制度本身和为建立一个帝国所必要的对被征服的民族采取兼收并蓄的政策是互不相容的。

当然,希腊史对这个问题的答复不是最后的,最后的答复是罗马史做的——罗马帝国分明是城邦罗马在大征服中建立起来的。不过罗马史同时也令人信服地证明了，城邦制度如果说还有不少长处，那么所有这些长处在它变成帝国的时候，几乎全都转化成为反面的东西，成为丑恶不堪的东西了。

城邦制度是从氏族民主直接演变过来的吗？

我们把什么是城邦制度在概念上略加澄清以后，紧接着的一个问题是，这种制度是从哪里演变过来的，又是怎样演变过来的？接下去，我们还要对它的发展和消亡过程，它的长处和弱点，它对后来历史的影响略加探讨。

许多著名的历史家对上述第一个问题有十分肯定的答复：城邦制度是从原始公社的氏族民主制度直接演变过来的。如果我们接受这个解释，我们就不能不问，一切民族都经历过原始公社阶段，氏族民主是原始公社的共同特征，我国当然也不例外，那么为什么我国古代史中找不到一点城邦制度的影子呢？如果我们再进一步涉猎一下中国以外几个历史悠久的古代文明——埃及、两河流域、以色列和叙利亚、印度、波斯等等的历史，我们发现在那里也同样找不到什么城邦制度的影子，我们就不能不怀疑，城邦制度的希腊在世界史上是例外而不是通例，而在古代东方史中，政制的演变倒是具有某种共同之处的。共同之处是，它们都存在过"神授王权"——有一个身兼军事领袖和最高祭司，或者用我国史籍的语言来说，叫作"国之大事，唯祀与戎"——的最高统治者，即君主。他的权力是绝对的，人民是他的"臣民"。这种王权起源于部落王。原始公社性质的部落的王，也许是氏族民主制度下的民选军事领袖，因为那在遥远的古代,不可能见于史籍。部落王通过兼并建立起一个王国,他自己部落内与他一起从事征服的战士成为新王国的贵族,被征服部落的人民成为新王国的臣民。随后这种"杀人盈野、杀人盈城"的征服业绩被渲染为神的业,在征服中建立起来的王权也被渲染为神授的王权。王权所依靠的是军事力量,但唯有当"手执宝剑"的王同时又是"受命于天"的王时,他才具有精神上的权威,王权才世袭得下去。王权是神授的,所以我国周代的王称为天王,他是"天子"——"天的儿子"。古代东方诸国各有不同的宗教,王权神授所用的说法五花八门,各尽其妙,实质上是完全一致的。这种"神授王权"历久不变,"神授王权"的"政体",按黑格尔的说法叫作"东方专制主义",其性质和城邦制度是截然不同的。

既然东方各国政制演变有其通例,希腊城邦制度则是例外,那么何以同样从原始公社的氏族民主出发,后者直接演变成为城邦制度,前者都几乎没有任何例外地走上"东方专制主义"的道路了呢?从亚里士多德起,许多西方史家对此做了几乎完全一致的斩钉截铁的解释,言词虽不尽一致,却可以亚里士多德下引几句话为其代表:

"蛮族王制(是)僭主性质(即东方专制主义式)的王制……因为野蛮民族比希腊民族为富于奴性;亚洲蛮族又比欧洲蛮族为富于奴性,所以他们常常忍受专制统治而不起来叛乱。"(《政治学》,第159页)

看起来,身为亚洲人的中国人的我们都没法"接受"亚里士多德和与他一致的一切西方史家的上述解释的。

"没法接受",多少有点感情用事,就是我们在感情上接受不了这样侮辱性的解释。感情当然不能代替历史事实。如果历史事实确实如此,感情上接受不了又有什么办法?可是,历史研究确实证明了这样的史实:远古希腊一样存在过"神授王权",城邦制度是"神授王权"在一种特殊环境下演变出来的东西,它并不是直接从氏族民主递嬗过来的。于是,我们东方人在比较我们古代的专制主义政体和希腊古代城邦制度的截然区别之后,理该进一步探索:是什么环境,通过什么方式使希腊的"神授王权"演变成为城邦制度;还应该进一步探索,城邦制度怎样发展演变,它对后代历史留下了什么影响?这也就是本书的目的。

以下,我们就来逐步展开这一探索。

第二章
远古希腊存在过神授王权

希腊史上的所谓英雄时代

十九世纪末和二十世纪初,在古代史研究上出现了一个"考古学"时代。在这个时代之前,比如关于希腊史的研究,所根据的主要是古典时代及其后的希腊历史家留下来的史籍,加上长期以来搜罗到的碑铭和文物。在古代希腊典籍中,最古的是荷马的史诗《伊利亚特》(Illiad)和《奥德赛》(Odyssey)以及希西阿(Hesiod)的《神谱》和《劳动与时令》等诗作。其中荷马的史诗《伊利亚特》叙述了亚该亚人"万民之王"亚加米农(Agamamnon)远征特洛伊(Troy),也就是以木马计著名的那次战役的故事;《奥德赛》所说的则是特洛伊战斗中的英雄奥德修斯(Odyssus)——他是希腊西海岸今科孚岛附近的伊大卡(Ithaca)岛上的巴西琉斯(Basileus,即王)——战后回国航海历险的故事。这是些文学作品,古时的希腊人虽然很认真地把他们当作可靠的历史,有时并根据《伊利亚特》中的"船舶目录"来解决各邦之间领土上的争端(因为"船舶目录"历数了当时各邦所属的领土),在十九世纪的疑古空气中,它们被看作并非信史的传说。的确,古代希腊类似《荷马史诗》这样的英雄传说还有不少:有卡德摩斯(Cadmus)在底比斯播种龙牙,长出许多武士,经过互相残杀的搏斗,剩下几个人建立了底比斯城的故事;有伊阿宋(Iason)驾驶亚尔古(Argos)号船远航黑海觅取金羊毛的故事;等等。古典时代的希腊悲剧作家取材这些英雄传说,写成许多艺术价值很高的悲剧留传于世,这些戏剧毫无疑问地也丰富了这些传说。又,希腊的神是一些神人同形的形象,他们有七情六欲,喜怒悲欢,神还与人结合,生下来的后裔就是英雄传说中的英雄们。这样,神话中的神和英雄传说中的人扭合在一起,史诗的历史价值显得更为可疑。十九世纪的英国希腊史家格罗脱干脆把希腊史的信史时代定在有碑铭可据的第一届奥林匹亚(Olympia)庆会(公元前776年),在此以前,历史家几乎一致把它归入传说时代,并正式称之为"英雄时代"。

英雄传说中有王,希腊语称为巴西琉斯。有小地区上的王,例如伊大卡岛的巴西琉斯奥德修斯,有亚该亚人的"万民之王"亚加米农,他是有权统辖全希腊各地诸巴西琉斯的大王。按照传说,亚加米农属于彼罗普(Pelop)家系,他拥有全希腊的"王权",王权的根据何在并不清楚。在《伊利亚特》中,王权的象征是彼罗普斯(Pelops)传下来的王杖,这支王杖据说是赫菲斯塔司(Hephaestus,希腊诸神中的工艺大匠)制作的,彼罗普斯把它给了阿特里阿斯(Atreus)一系,传到了亚加米农手里。希腊各邦各有自己的英雄传说,传说中无例外地都有王,例如雅典,就有传统中的西克罗普斯(Cycrops)、埃勾斯、提秀斯诸王,还有王制消亡以前最后一个王科特罗斯(Codrus)。传说中有王,有许多史迹可凭,所以,希腊有王政时代,古代希腊作家全都承

第二章 远古希腊存在过神授王权

认，近代史家对此也毫不怀疑。然而，往上推溯，王政渊源于难以凭信的英雄传说。往下数去，到了有信史可凭的历史时代，希腊各邦的王都已被贵族阶级的专政所取代，只剩下斯巴达的两个王一直继续到公元前三世纪，其余凡在说希腊语的人民中而有王的，都是一些落后的地方，于是，有些著名的历史家就把希腊的王解释为不同于"东方专制主义"中的王。他们认为，希腊的王不是东方那样"神授"的王，英雄传说中即使有神授王权的模糊的迹象，那也纯粹出于诗人的想象。希腊的王原来是民族民主制度中的民选军事领袖，史诗中要赋予这些民选军事领袖以神话的色彩，在历史上"并没有证明任何东西"。

考古发掘彻底更新了远古希腊史的面貌

但是，十九世纪末开始的考古发掘，及其后长时期历史家和考古学家的辛勤研究，使得远古时代的希腊史的面貌彻底更新了。

考古学有它自己的历史，这里不想来叙述这番历史。总之，考古发掘者们把英雄传说中特洛伊古城发掘出来了，把亚该亚人的"万民之王"亚加米农的都城迈锡尼发掘出来了，把传说中的克里特的克诺索斯王的宏伟的宫殿发掘出来了。这些考古发掘的经过，发掘出来的东西的图版，对于发掘结果所做的研究，以及目前史学界一致公认的结论，可以在一般希腊史的书籍中找到，塞尔格耶夫的《古希腊史》对此介绍较详，可以参看。这里只做一些十分简略的介绍。

在克里特岛，发掘了克诺索斯古城，找到了宏大的宫殿，其上有十分"现代化"的壁画，精美的陶器瓶和人像，刻有线形文字的黏土版。

在迈锡尼(《伊利亚特》中亚加米农的王都),找到了用长三米以上宽一米的巨石垒成的城墙和"狮子门";找到了规模宏大的陵墓,有坑冢,还有圆冢,圆冢作蜂巢形,高十八米,直径也是十八米,还有宽阔的长达三十五米的墓中廊道;找到了精工装饰的武器,金质面具,金质的巨型精美酒杯;等等。

在奥科美那斯(Orchomenus)、底比斯等地,也找到了故宫的废墟。

这些出版文物的图版,给我们提供了三四千年以前爱琴文明的栩栩如生的直观印象,使我们对于这些统治者们生前怎样生活和统治,死后又有怎样豪华的"陵寝",获得了一些概念。在这些地下证据面前,我们无论怎样也不能相信,这些巴西琉斯是氏族民主制度下的民选军事领袖,我们不能不肯定,他们和"东方专制主义"下诸王一样,是"受命于天",统治剥削大批劳动人民的"王"。

历史研究当然不会停留在直观印象阶段上。通过这些发掘和研究,史学界发现,希腊文明开始于克里特,从克里特传布到大陆希腊,其中心是迈锡尼。克里特文明一直可以推溯到公元前3000年,其极盛时期在公元前1600年,还在特洛伊战役前四百年。特洛伊战役是实有其事的,战争的一方亚加米农,迈锡尼的王,和亚该亚人的"万民之王",大概也是实有其人的。史诗固然不是信史,然而有确凿的史实为其核心。

面貌彻底更新了的远古希腊史,内容也在逐渐丰富中。下面我们摘录一些文字,以便略略了解它的内容。

克里特文明

克里特文明开始很早，公元前3000年，那里已进入铜器时代。

"大约在公元前2250—公元前1200年之间，克里特岛是一个海上帝国的中心，它在政治上和文化上扩大它的影响及于爱琴海上诸岛和大陆的海岸……它的自然主义的美术值得最高的赞美，它享受着在许多方面就舒适度而言比古代世界的其他任何地方更'现代化'的文明。"（ch. Ⅲ vol. 1, c. a. h.）

"克诺索斯的统治者领有当时最强大的海军，迫使昔加拉第群岛（希腊半岛东南）称臣，并且建立了克诺索斯城在爱琴海上的霸权，……从公元前十七世纪起，（克里特岛）已经和希腊大陆有着频繁的往还。克里特航海者已经出现在迈锡尼、梯伦、科林斯地峡、彼奥提亚、阿提卡、特萨利亚等地……

"在公元前2000年克里特已经有如下的手工业者：武器匠、木匠、铁匠、皮革匠、制壶匠、青铜器匠、镂刻匠、象牙技师、画家、雕塑家等等。"（塞尔格耶夫:《古希腊史》，第三章）

关于克里特的政制，史学界根据各方面的证据，推定在公元前1600年的第二克诺索斯时代。

"社会政治制度在许多方面类似古代东方王国。……否则，便难以解释那些大建筑物、多种手工业、奢侈品以及雅致的玩意儿从何而来。……照东方的例子可以类推，奴隶劳动可能跟土人劳动一起使用来建宫殿，筑道路，开石矿，做各种工艺，以至充当海员。

"正如埃及法老王那样，克诺索斯宫的统治者一身兼任祭司和军事首领之职。有一幅米诺斯后期彩色浮雕，清楚地证明了这点。这浮雕绘着一个人，高约三米，头戴王冠，冠上饰以一束彩色长羽毛，冠下露出长发卷，散垂于肩际，颈上有几排金项链，腕上有粗重的手镯。"（同上）

克诺索斯王的装饰类似埃及法老王，有的学者还推测克里特文明干脆是从埃及迁移过去的。

"所谓的米诺斯文明，是在青铜时代同时开始的，它就在这个时代繁荣于克里特岛的东部和中部……埃及的影响开始于第一王朝时代（公元前3500年），……以后，在前米诺斯第二期（公元前2800—公元前2400年），埃及成分变得如此强烈，甚至在克里特可能建立了埃及的殖民地，就我们所能知道的而言，那是在第六王朝以下的事情。也许，发生于第一王朝之初和第五王朝倾覆时期的（埃及的）动乱，赶走了相当数量的人民集团，使他们到克里特去找和平和碰运气。而克里特原是住着有血缘关系的种族的。或者我们可以想象，冒险的克里特水手向南航行——也可能被一阵风暴刮得离开他们的航程——发现了尼罗河谷的奇迹。就这样,或者出于偶然,或者由于冒险,走上克里特到此为止从未享受过的文明道路的冲击力量来到了。"(瓦斯:《早期爱琴文明》,第1卷第17章, Early Aegean Civilization, by J. B. Wace, ch. 17, vol. 1, c. a. h.)

克里特岛上的最初居民来自亚非草原,是有人种学上的证据的。

"分析克里特岛上最早居民体形遗迹的结果证明,这个岛上最初居民的全部,或绝大部分,是'长头颅'人(亚非草原最早居民),而'宽头颅'人(安纳托利亚和希腊的最早居民)虽然最后占了优势,可是在原来克里特的人口当中,他们却毫无代表性或仅仅占一个少数。这个人种学上的证据,肯定了这样一个结论,就是最早在爱琴群岛上任何一个岛屿上居住的人民,乃是由于亚非草原的'干燥'而迁来的移民。"(Toynbee, ch. 5, pp. 94—5)

人种与埃及相同,文化受到埃及的强烈的影响,克里特这个海上帝国类似东方王国,看来是合乎情理的结论。

迈锡尼和亚该亚人

迈锡尼位于希腊大陆的伯罗奔尼撒半岛东北部,离科林斯不远的地方。它虽然并不滨海,但是它和科林斯湾、萨洛尼克湾、阿各斯湾三个海湾的距离几乎相等,是一个交通中心。考古发掘证明,那里的文明比希腊北部如特萨利亚等地兴起得早得多,也证明文明是从克里特岛传播过去的。文明究竟是通过什么方式传播过去的,眼前只能加以猜测:

"最终使得希腊后期(考古学分期公元前十六世纪)迈锡尼的大陆文明兴起的,是特别以米里雅(Miriyan)器物及其制造者为代表的强烈的克里特因素对希腊或大陆成分的冲击。正当'希腊中期'结束之前,亦即公元前1600年前不久,一个强有力的王朝开始于迈锡尼,它的第一代君主,也许就埋在坑冢中,更像是在第四坑冢的第一批死者之中。

"……大约正好在公元前1600年,伯罗奔尼撒、希腊中部和其紧邻地区,出现了文明的第一次伟大进步……可能在迈锡尼、梯伦斯、科林斯、奥科美那斯、底比斯等地建立起了克里特的殖民地;或者,我们可以相信,影响力量并不是通过殖民或征服,而是通过和平的进入,通过商业、移居、旅行之类而发生作用的。……不管怎样,公元前1600年左右,可以称为米诺斯-希腊的一种文明,在希腊大陆上,从奥塞里斯山到萨洛尼克湾,在伯罗奔尼撒以及科林斯湾北岸一带,分明占有统治地位。也可能有不止一个王国,事实上更像包括着几个王国;不过它们必定是由于共同的文明,由于要在外国环境下站住脚跟——如果上面所说的道理是正确的话——的必要性而团结在一起的。"(瓦斯:《早期爱琴文明》,第Ⅰ卷第17章)

公元前十六世纪和公元前十五世纪时期,正是克里特文明的黄金时代,克诺索斯城雄霸全岛,其他诸城全部被毁。就在这个时候,大陆希腊的伯罗奔尼撒半岛上建立了强大的迈锡尼王朝国家。这是迈锡尼文明的第一时期,它来自克里特,似乎也处于克里特统治之下。

公元前十四世纪,上述情况发生了根本变化。克里特衰落了,迈锡尼兴盛起来了。公元前十四世纪初期,迈锡尼的王宫和卫城改建得规模宏大,城市不仅是王宫所在地,而且成了政治经济中心,聚居着王廷的文武人员、工匠和奴隶。王宫建筑宽广,有好几层楼。上文所提到的巨石城垣、狮子门和豪华圆冢,都是这个时代的建筑物。有的史学家还推测,迈锡尼诸王像埃及法老一样有生前营陵的传统。迈锡尼统治着整个伯罗奔尼撒半岛、阿提卡(雅典)、彼奥提亚、优卑亚岛、爱琴那岛,它扩大及于特萨利亚、爱奥尼亚诸岛屿、埃托利亚(中部希腊科林斯北侧)。克里特这时也许倒转来向迈锡尼纳贡了。

这里是"非克里特"的王朝。是不是就是希腊人的王朝呢?是的。

"希腊土地上的发现……表明在公元前十四世纪和公元前十三世纪,在南部和中部希腊存在着富有的强大的国家,拥有高度的文明。没有理由怀疑,这些国家的统治者属于希腊血统,起码也是说希腊语的。……我们可以大胆地说:第一,传统把皮拉斯基人(Pelasgians)指为这个时期希腊许多地方的十分重要和强有力的人民,这是一般的证据。第二,很可能,就在这个时候,除少数边远地方而外,前希腊居民已经普遍地被希腊人降服了或赶走了;在这些早期居民中,也许我们可以较有信心地提到里利格人(Leleges),他们有许多向东移居到爱琴海上诸岛屿,移到小亚细亚去了,以后又出现于历史中。"(伯里:《亚该亚人和特洛伊战争》,第Ⅱ卷第17章,The Achaeans and The Trojan War, by J. B. Bury. ch. 17, vol. Ⅱ, c. a. h.)

迈锡尼王朝的崛起和克里特的衰落,反映了希腊人对非希腊人的胜利。不过,公元前十三世纪中期以前的迈锡尼王朝的统治者,是不是就是皮拉斯基人,因为证据缺乏,并无定论。稍后,到公元前十三世纪中期,

"另一批人即亚该亚人走上了前台,自此以后,传统开始向我们提供看来多少可信的消息,它提到了代表实在人物的姓名,记述了确凿的历史事件。

"公元前1200年,我们发现亚该亚人成了克里特的统治者,同时,在希腊那么多重要地方都有亚该亚统治者,以致'亚该亚人'成了说希腊语的人的恰当的普通名词了。"(同上)

亚该亚人的扩张

亚该亚人从哪里来,又是怎样来的,其说不一,下面是一种说法:

"亚该亚人总被看作希腊本地诸族人民的一支——

犹如皮拉斯基人、希伦人、彼奥提亚人、德赖俄普人（Dryopiaus）和其他诸族人一样——原先住在北方兹帕尔克俄斯（Spercheus，彼奥提亚之北）河谷及其邻近诸地……

"关于公元前十三世纪的希腊史，传统向我们提示出一幅无分南北的，恒常而活跃的民族移动的图画；统治家族的成员，有时因为犯了杀人大罪害怕被杀者血族的报复，或者出于自愿，或者被迫出走，然后通过婚姻或其他途径在他乡赢得了王侯之位。如果我们接受这样的传统观点，认为亚该亚人是希腊人，原来住在兹帕尔克俄斯和普纽斯（Peneus）河谷和马利亚湾（Malian Gult）一带，他们之在南部希腊或克里特或在其他地方上升到掌权的杰出地位，那可能干脆就是这类民族移动的结果。北方希腊人比南方希腊人穷，他们生活在粗野得多的状况之下。伊塔（Oeta）山和马利亚湾以北地方的考察，没有显示出那里存在过什么可以和迈锡尼、太林斯（Tiryns）或奥科美那斯哪怕略相比拟的城市和宫殿。我们容易理解，这个地区的冒险家们会出来想要夺取一个王国，出来碰碰运气，应该是到处皆是的。我们发现，大约在公元前1223年，亚该亚人攻打了埃及。在一个（埃及）的铭文中，记载着法老门利普达（Meneptah）打退了一次利比亚人的进犯，他们得到一帮海上人民的支援，这里出现了他们的名称（Ekwash，或Akaiwasha）!

"和南向的冒险一样还有东向的冒险，见于伊阿宋的'亚尔古'号的航行，从特萨利亚的爱奥尔西阿斯（Iolcius）港口出发到赫勒斯滂（Hellespont）和普罗彭提斯（Propontis，今达达尼尔海峡和马尔马拉海），这次航行确实在雷姆诺斯（Lemnos）岛上建立了一个希腊殖民地。"（Bury, op. cit.）

上引文中的所谓的亚该亚人入侵埃及，据史家考证，其侵入范围也及于当时埃及统治下的巴勒斯坦。亚该亚的入侵被埃及打败了，但是侵入巴勒斯坦的那部分入侵者，一支亚该亚人、加里亚（Caria）人等民族混合的队伍就地投降了。不久，埃及衰微，退出巴勒斯坦，这部分人又兴旺起来，组织自己的国家，这就是《旧约》上的"非利士人"（非利斯丁 Philistine），"巴勒斯坦"是由他们得名的。非利斯丁诸国后来大概被以色列人和腓尼基消灭掉，人民被同化了。从此以后，叙利亚、巴勒斯坦沿海一带也是希腊殖民所进不去的禁区了。

亚该亚人海外扩张的势头十分猛烈。他们南进埃及、巴勒斯坦，北攻小亚细亚西北部的特洛伊，此次战役就是荷马史诗的主题。其实，向南侵犯还不止埃及和巴勒斯坦。史料表明，塞浦路斯岛有非常古老的希腊殖民地，荷马《伊利亚特》的船舶目录，从军攻打特洛伊的罗得岛、寇斯（Cos）岛（小亚细亚西南角上几个海岛）的船舶和战士，可见那里早已是希腊殖民占领的地方。不仅如此，还有史家根据同时期其他古代国家遗文的阐释，猜测亚该亚人还在小亚细亚大陆的西南部建立过一个"独立的亚该亚王国"，这样，塞浦路斯、罗得诸岛的殖民，以及入侵埃及、巴勒斯坦就都是和这个中心有关的了：

"根据不久以前阐释的赫梯族的一部分遗文，某些学者

（Forres, Glotz）提出了如下的猜测：迈锡尼的阿特鲁斯氏族，在其全盛时代，不但使希腊其余的巴西琉斯（王）称臣，而且在埃及、小亚细亚、肯加拉第群岛和地中海的西部都巩固了自己的势力。大约于公元前十四世纪，在小亚细亚，在旁非利亚及其附近的岛屿，形成一个独立的亚该亚王国〔古称阿客雅瓦（Achiyawa）〕。亚该亚王国和赫梯王国的关系复杂，有时和平共处，有时彼此敌视。到了公元前十三世纪，自从在卡狄殊（Kadesh）败溃之后（公元前1290年），赫梯王国逐渐衰落了，它在地中海东南部的霸权，显然落入亚该亚人之手。公元前十三世纪至公元前十二世纪期间，亚该亚人联合其他部落〔加里亚人、西里西亚人（Cilicians）、条克理人（Teucres）等〕，摆脱了赫梯的桎梏，侵入埃及。关于这点，埃及的碑文亦有记载，虽提及侵入埃及的海洋民族中有达那俄斯人（Danaos，亚该亚人的别称），但是，自从上述几个民族被埃及法老拉美斯四世（Ramses Ⅳ）打败以后，'亚该亚同盟'就瓦解了，所有这些民族便分散在地中海诸岛和沿岸之间。"（塞尔格耶夫：《古希腊史》，第104—5页）

亚该亚人的迈锡尼王朝

无论亚该亚人的"来到"是采取了渗透的方法还是采取了武力征服的方法，还是兼用了两种方法，亚该亚人扩张的规模是巨大的，同时，在迈锡尼有一个亚该亚人的中心王朝也是无可怀疑的。还是根据荷马《伊利亚特》中的船舶目录，亚该亚人的"万民之王"亚加米农直接统率的军队来自迈锡尼大城堡,富饶的科林斯和西息温等地,而斯巴达的黑劳士(Helos,注意这个地名和后来斯巴达所征服的Helots名称的某种一致性)等地则是他的兄弟麦尼劳斯(Menelaus)的王国的领地。除此而外,还有二十几个国家来的船舶和军队,每个国家各有自己的王,和《伊利亚特》亚加米农这个迈锡尼的王一样。

"在希腊世界具有首要地位并行使着某种领导权,要说这是'迈锡尼帝国'也许是过甚其词。谁也不纳贡,谁都不对它负担什么军事服役的义务,除掉它自己的王国而外,没有任何证据足以证明它是一个正式的政治同盟的盟主。但是彼罗普斯(Pelopids,亚加米农所属的世系)具有一种其他君王所承认的优越地位,看起来这并不仅仅因为他家的财富和军事威力较大,也因为具有某种优越性——他拥有'王权'。然而理由何在,并不清楚。王权的象征是彼罗普斯传下来的王杖(据说是赫斐斯塔斯Hephaestus神制作的)。彼罗普斯把它给了阿特里阿斯(Atreus)一裔,然后传给了亚加米农。可能'万民之王'(Kreion)一词是用来指彼罗普斯家对寻常的王(巴西琉斯)的优越地位的。"(Bury, op. cit.)

根据我们中国人所知中国古代王朝的状况,亚该亚人的这个迈锡尼王国,有点像周王朝的"王畿千里",即一个对诸侯具有最高王权的中心王朝直接统辖的地区,其他王侯(根据郭沫若的金文考证,春秋时代及春秋以前周的诸侯,在其国内也可称为

"王")对它有某种程度的臣属义务。我在上面用"有点像"这几个字，因为我所知的史料十分贫乏，这只是推测。掌握了迄今为止已经发现的各种史料的西方史家对此也只能做某种推测，因为这个时期的希腊史，完全缺乏信史的记载，所能资为根据的，是考古发掘所得的文物，和同时代其他古代国家史料的间接证据，所以很不容易下什么肯定的判断。

不说迈锡尼王国和希腊其他诸邦的关系，迈锡尼王国这个"王畿"又是一种什么政制呢？

根据地下发掘出来的宫殿、城垣、陵墓等等，不征集巨额的人力物力绝搞不起来这一点来说，迈锡尼王国的人民会有苛重的贡赋和徭役负担。人力物力也许来自海上贸易和海上掠夺，不过从这里得来的财富集中于王家，这个王家也绝不可能是氏族民主制下的民选军事领袖。贡赋是否有一部分来自属国？我们不知道。中国的周天王确实也向诸侯征收贡赋，按我们所知的史料，例如齐桓公责备楚国不向周天王交纳应交的一份贡赋，这份贡赋是"苞茅"，是楚国的土产，供周王朝祭祀之用的，那是一种礼仪上的贡赋。如果允许做类推的话，这种贡赋即使有，大概也是微薄的。伊伦伯格（Ehrenberg）主要根据地下资料，对于迈锡尼王国的政制做如下的判断：

"迈锡尼王国可能结合了东方的祭司——君王和印欧首长遗风两者。国王之下似乎发展起来了一个上层阶级和一种贵族政治，比起克里特来，这个阶级也许更不像廷臣，而是独立的小统治者和独立的武士。人民又怎样呢？书版（即考古发现的文字资料）指出了一批专职人员、各类工匠和商人，其中许多是王室的仆人，另外一些是神或王的奴隶……田制是一个未解决的问题，……也许是以我们可以称之为封建社会的结构为基础的。"（《希腊和罗马的社会和文明》，第5—6页）

"迈锡尼的社会制度与克里特的社会制度颇有些相同的地方。但是，在迈锡尼，贵族的氏族显然有更重要的地位。考古学上的材料，多少证实了荷马史诗中的某些资料。"（塞尔格耶夫：《古希腊史》，第102页）

总之，迈锡尼王国的东方特征，比克里特稀薄了一层。伊伦贝格所说的封建社会结构，是以欧洲中世纪王权及各级封建领主间松弛的隶属关系作比喻的。如果我们考虑到，克里特的"集中化"不过是在一个岛上的集中，迈锡尼王国统治的地区比克里特一个岛要广阔得不可比拟，还要加上海上文明的特征，那么它之向"多中心化"迈进一大步是不足为怪的。

议事会和公民大会

还是根据荷马的《伊利亚特》，好多后来成为希腊城邦制度特征的要素，我们在那里并没有发现，或者只有一些影子。在那里，战争的胜负取决于披甲的王侯之间的战斗，打死了一个敌人赶紧要剥下他的甲胄，可见甲胄是珍贵的东西。普通战士在战斗中算不了什么，兵制当然不是公民军。事实上，公民军制是公元前八世纪前后重装步兵战术发明以后才形成的，而重装步兵战术的形成，显然又与城邦制度的初步形成有关。"法治"可以找到一点影子，荷马描写的阿基琉斯（Archilles）的盾上有一幅打官司的图像，审判者是"长老"，这距离陪审法庭还遥远得很。值得特别注意的是，军中重要决定要召开全军大会来宣布，这个大会只听取传达，不做讨论，也无权表决。又，这位"万民之王"的亚加米农为了解决继续围城还是解围撤兵的问题，要召集首领们的会议来讨论并做出决策。从英文译本来看，这两种会议的名称就是后来用来称呼公民大会和议事会的Assembly和Council，也许希腊文也就是Agora和Bouli。据此也许可以做判断，城邦政制中的主权在民和直接民主制度，早在亚该亚的迈锡尼时代已经萌芽了。假如不是诗人把后代他所熟悉的政制撰入他所叙述的时代（这是可能的，因为史家公认，荷马史诗写成于公元前九世纪，而且写成并长期传颂于小亚细亚诸殖民城邦，后来才传到希腊本土的），应该承认这是氏族民主的传统，也就是伊伦贝格所说的"印欧酋长遗风"的一项内容。这种萌芽，就现存典籍来看，确实是我国古代所找不到的。但是，纵然有这种因素存在，按荷马史诗的整个气氛来说，亚该亚诸王还是"神授的王"，这符合地下发掘出来的证据，说是民选军事领袖是未必妥当的。

多里安人的入侵

亚该亚人的迈锡尼王朝为时不长，从北方来的多里安人和其他民族不久就摧毁了这个全希腊的最高王权，从此希腊本土就形成了各邦分立，不相统属的局面。

多里安人是北方的希腊人,他们在色雷西亚(今希腊东北和保加利亚南部)人、伊利里亚(今阿尔巴尼亚及其周围地区)人的压迫之下向南迁移,进入巴尔干希腊内陆。某些史家根据考古文物(所谓几何图形的陶瓶)的证据,认为他们最初进入希腊本土可以上溯到公元前十五世纪,那是小股移居。公元前十二世纪特洛伊战争之后,迈锡尼王朝急剧衰落了,希腊大陆上相对统一的局面从此开始逐渐破坏。多里安人的来到,最终破坏了各地的交通联系,他们直接南下占领迈锡尼王国的中心——伯罗奔尼撒本岛东北部阿尔哥斯地区,焚毁了迈锡尼、梯伦斯、科林斯的港口科腊古(Koraku),把迈锡尼旧壤一块一块割裂开来建立了多里安人诸邦,其时在公元前1050年左右。

在多里安人入侵前后,或者和它同时,特萨利亚人(大概也是西北希腊人)占领了历史时代的特萨利亚(奥林匹斯山以南,吕都斯山以东,以拉里萨为中心的一片广阔草原),也许还有其他西北希腊人的入侵,结果,北部和中部希腊旧迈锡尼时代诸国的政治地理彻底改变了,成立了爱奥里斯诸国:特萨利亚、彼奥提亚、福西斯、洛克里斯以及当时还相对落后的埃托利亚、阿开那尼亚诸地,它们彼此也不相统属。阿提卡(雅典)一直未被侵入,密迩阿提卡的优卑亚大岛大概也未被侵入,这两个地区以后称为伊奥利亚。连同南面伯罗奔尼撒岛上的多里安人诸邦,形成历史时期希腊本土的三大集团——爱奥里斯、伊奥利亚和多里斯。但这是人种语言集团而不是政治集团。每一个集团各自独立,集团的界限有时也影响各国间政治上的结合,然而基本上是两回事。

伯罗奔尼撒是迈锡尼时代的王畿,是统治全希腊的迈锡尼王朝的中心地区，占领伯罗奔尼撒的多里安人，至少曾经企图在占领那里的多里安人诸邦中形成一个领袖诸国的中心王权。按照传统，征服者是英雄赫拉克利斯（Heraeles）后裔赫鲁斯（Hgllus）的三个孙子，长兄占领了阿尔哥斯（Argolis），另两个兄弟占领了拉哥尼亚（Laconia，斯巴达）和美塞尼亚（Messenia）。阿尔哥斯王国所辖地区包括迈锡尼、梯伦斯等迈锡尼王朝的大城（多里安人把那些城市都毁掉了，王国中心在阿尔哥斯城），它理当成为多里安人诸邦的盟主。然而多里安的斯巴达似乎从头到尾没有理睬这个要求，而原属迈锡尼王国的科林斯、西息温以及阿尔哥斯的埃彼道鲁斯（Epidaurus）、赫迈俄尼（Hermione）等地方又各个建成了多里安人的小邦。自此以后，虽然阿尔哥斯王国长期内一直念念不忘它的被否认的宗主权，公元前七世纪时还出现过一位著名的国王斐登（Pheidon）想要重建霸业，却没有获得什么成就。多里安人诸邦中最强大的斯巴达实行过兼并政策，它征服了邻邦美塞尼亚，然而当它想继续征服北面的阿卡狄亚（Arcadia）的时候，它的征服政策失败了，以后它建立了拉凯戴孟同盟，长期来一直是伯罗奔尼撒，也是全希腊最强大的军事力量，然而这终究截然不同于统治全希腊的最高王权，并且具有城邦希腊的许多特征，后面我们还要另加介绍。

多里安人入侵所造成的希腊本土的状况就是这样。在亚该亚迈锡尼旧壤上建立起来的诸独立小国都是王国，然而凌驾于诸小国之上的最高王权从此消失，再也恢复不起来。从多里安人征服到公元前八世纪的三四百年中，考古发掘证明，那个时代没有豪华的建筑，没有精美的手工艺品，陶器的装饰也从富丽的瓶绘退化到朴素的几何图形,所以西方史家以欧洲中世纪为比喻称这个时代为"黑暗时代"。

希腊文明中心的东移

以上略略介绍了远古希腊的灿烂的克里特-迈锡尼文明,在十九世纪八十年代以前,历史家对它基本上是一无所知的,这是考古学的伟大成就。唯有考古的发现,才使一向被看作不可凭信的英雄传说,提升到头等重要的史料的地位,而公元前八世纪以前的三四百年也就成了继灿烂的远古文明之后的"黑暗时代",不再是渺不可考的"史前时代"了。

然而这个"黑暗时代"其实并不黑暗。希腊本土也许可以说是衰落了,因为没有留下什么宏伟的建筑物和精美的工艺品;也许这不过是王朝的衰落,普通人民没有了豪华奢侈的王朝,也许过得比从前好了一些,并且还在休养生息,积聚力量。更重要的是,多里安人的入侵,大大推进了迈锡尼时代早已开始的海外殖民。迈锡尼旧民,一部分屈从于被征服者的地位,一部分避难到例如伯罗奔尼撒的阿卡狄亚山区,更有一部分移居海外,到海岛上去,到小亚细亚沿岸一带去,到迈锡尼时代已经建立起来的殖民地去,或者另去开辟新的殖民地。远古的灿烂的希腊文明中心东移了。而那里正好是希腊城邦制度的发源之地。

第三章

海外殖民城市是
城邦制度的发源之地

爱琴文明是海上文明

史学界通常把克里特-迈锡尼文明称为爱琴文明,这不仅因为这两个地方同处爱琴海上,而且,这个文明确实具有海上文明的特征。克里特是一个海岛,迈锡尼虽在大陆上,但"文明"是从克里特漂海过去的。希腊本土原是一个半岛,这个半岛被海湾地峡和高山分隔为彼此几乎隔绝的小区域,可是它的海岸线极长,港口多,又有爱琴海上和爱奥尼亚海上希腊两边诸岛屿,把希腊半岛和小亚细亚、意大利连接起来。在海船上航行的人,前后都有肉眼可以望得见的岛屿用来指示航程,这种条件几乎是世界上任何其他地区都不具备的。正因为如此,公元前二千多年的时候,克里特已经建立了第一个海上霸权。远古时候,希腊的冒险家们以海盗为生,他们劫掠海行中的船只,也劫掠岛屿上和大陆海滨的村镇,并以此为荣。在克里特-迈锡尼文明尚未发现以前,历史家曾经认为,腓尼基(今黎巴嫩西顿、推罗一带)是第一个海上霸权,腓尼基人建立了迦太基,希腊人航海是从腓尼基人那里学来的。克里特-迈锡尼文明发现以后，根据各种证据，史学界现在公认，是腓尼基人向希腊人学会了航海而不是相反。闪族文明渊源于大陆，西顿、推罗（古腓尼基两个主要的城市王国）是被大陆上亚述、巴比伦等帝国逼迫得向海上去谋生存和发展的，其时已在公元前十三世纪和公元前十二世纪，当时的爱琴文明已经十分辉煌了。

海上劫掠和海外殖民距离并不太远。克里特文明伸向希腊本土和爱琴海上诸岛屿，也许就是海外移民的结果。亚该亚人来到希腊本土，曾经迫使原住希腊本土的克里特人、加里亚人、里利格人、皮拉斯基人等移居海外。他们之中有一部分留下来和亚该亚人混合了，所以他们与希腊人有血缘关系。他们的移居海外，历史上为希腊的海外移民起了打先锋的作用。亚该亚迈锡尼王国本身的海外扩张势头又很猛烈，远征特洛伊之役显然是为了开辟移民小亚细亚西北部以及进入黑海的道路，在这次战役中希腊人占领了雷姆诺斯（Lemnos）、伊姆罗兹（Imbros）、累斯博斯（Lesbos）等岛屿。战后，希腊人立即殖民于特内多斯（Tenedos）、安坦德拉斯（Antandras）、西拉（Cilla）、库梅（Cyme）、彼坦尼（Pitarie）等地，这个地区以后逐渐扩大，它实际上是一个"新亚该亚"。同样，小亚细亚西南角海外的罗得（Rhodes）、寇斯（Cos）、塞米（Syme）诸岛，也许还有塞浦路斯（Cyprus），特洛伊战役前后已经有希腊人移居。前面已经指出过，有的史学家甚至猜测小亚细亚南岸中部大陆上曾经建立过一个独立的亚该亚王国。这些部属于早期海外殖民，是爱琴文明的海上文明特征的必然结果。

多里安人来到以后的海外移民

多里安人的来到,大大促进了原来已有相当规模的海外移民。

移民的第一个方向是小亚细亚西北角上,亦即特洛伊战后建立起来的"新亚该亚"地区。亚该亚诸王国先后倾覆的时候,迈锡尼、阿尔哥斯、斯巴达、派娄斯(Pylos)各地亚该亚王侯贵族纷纷移居此地,特洛伊战役中许多事迹是在这个地区保存下来,以后通过史诗传诵于世的。移民的第二个方向是小亚细亚西部中部,后来称为伊奥利亚诸城的地方。那里的移民的相当部分是从阿提卡(雅典)出发的。多里安人入侵的时候,阿提卡地区未受侵犯。修昔底德说:

> "希腊其他地方的人,因为战争或骚动而被驱逐的时候、其中最有势力的人逃入雅典,因为雅典是一个稳定的社会,他们变为公民,所以雅典的人口很快就比以前更多了。结果,阿提卡面积太小,不能容纳这么多的公民,所以派遣移民到伊奥利亚去了。"(《伯罗奔尼撒战争史》,第3页)

伊奥利亚最初移民从雅典出发是可信的,因为米利都(Miletus)四个族盟有三个和雅典的名称相同。在那个地区,希腊人建立的殖民城市有米利都、佛西亚(Phocaea)、埃弗塞斯(Ephesus)、科罗封(Colophon)、厄立特利亚(Erythrae)以及基俄斯(Chios)、塞莫斯(Samos)等岛屿。

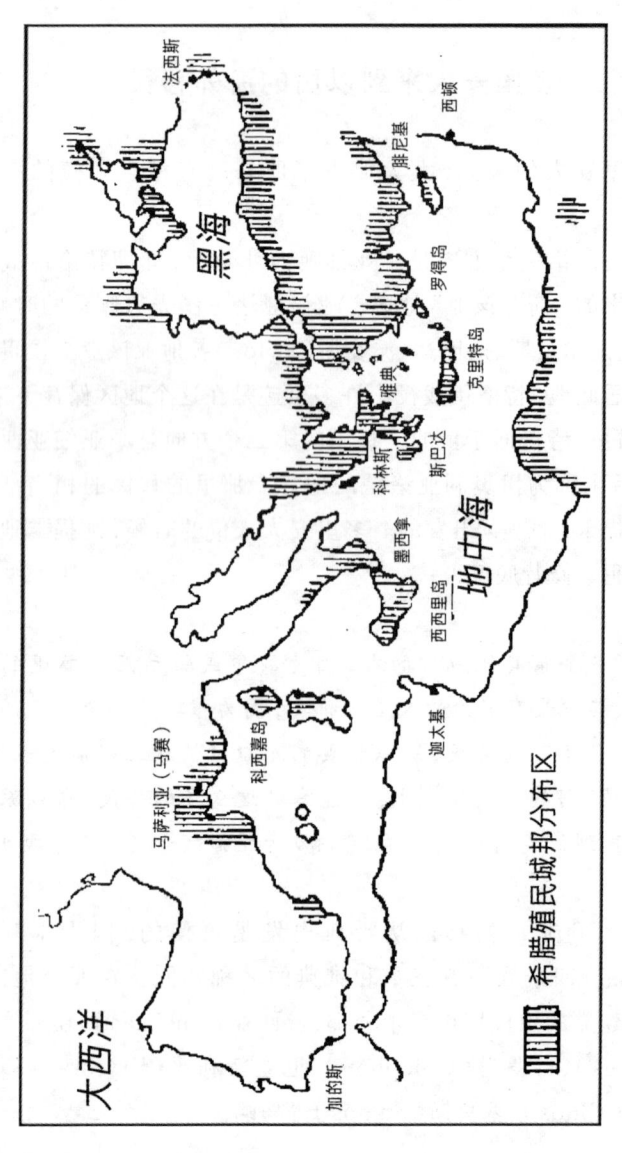

希腊的海外殖民活动示意图

第三章　海外殖民城市是城邦制度的发源之地

移民海外的有利国际条件

多里安人入侵以后的移民，显然是分散的无计划的。这里我们要问，为什么他们竟然没有碰到当地人民的抵抗呢？殖民于海岛比较容易，因为海岛的"土著"人数少，文明程度又低于希腊人。可是，小亚细亚大陆上居住着文明极发达，组成为强大国家的人民，例如，亚该亚人费了那么大的力量打下来的特洛伊，考古发掘证明它有整整十二层的乡村和城市彼此相叠，在它的第七层，那已是文明极先进的城市了。特洛伊既然要"万民之王"亚加米农统率全希腊的军队去攻打它，其他地方的殖民又怎么能够分散进行呢？

也许可以称为历史条件的偶合。小亚细亚内陆，远古时期有强大的赫梯王国，它的中心在今土耳其首都安卡拉附近克泽尔河〔古称哈利斯（Halys）河〕的东面。赫梯王国曾经南下与埃及争霸于腓尼基和巴勒斯坦地方，特洛伊王国大概就是和这个王国结盟的。特洛伊以外，也还有伊奥利亚地区的当地势力存在，阻碍希腊人的殖民。希腊人攻打特洛伊城的时候，赫梯衰落了，希腊人得以攻陷特洛伊城，也许还是以此为背景的。以后，赫梯王国被亚述帝国灭亡了，而和亚述争霸的对手有埃及和巴比伦，所以亚述的关注中心在南面，并没有牢牢抓住小亚细亚。多里安人来到，希腊人广泛殖民于小亚细亚的时候，福里基亚（Phrygia）王国代赫梯王国兴起于小亚细亚，但势力不大，而且它的中心离海岸较远。海岸上散处着的是一些零星部落，其中有许多是克里特的遗民，以及前面提到过的和希腊人种语言接近的加里亚、里利格等族人。希腊人只需要和这些小民族打交道，没有碰到一个强大王国统一领导下的有组织的抵抗。虽然如此，希腊人殖民于伊奥利亚地区，还是碰到了困难。伊奥利亚是一片富饶远胜于南北两端的地方，然而希腊人移民于此较晚，多里安人入侵以前，那里还无希腊人的踪迹。根据考古发掘所得证据，史家推测这是因为公元前十四世纪和公元前十三世纪那里存在着一个深受赫梯文明影响，也许是依附于赫梯王国，以士麦拿（Smyrna）为中心的国家。赫梯衰亡了，它还撑持了一个时期，足以抵抗希腊人的殖民。不知道这个国家怎么消失掉了，希腊人也就移民到那里去了，不过时期略晚而已。

这种有利的国际条件不可能一直持续下去。公元前七世纪小亚细亚西侧兴起了强大的吕底亚王国，王都萨第斯（Sardis）距海岸不过八十公里，从此希腊城市就碰到了麻烦，并逐渐演变成为规模壮阔的希波战争。不过从公元前十一世纪到公元前七世纪有四五百年之久，这么长的时间足够孕育出一种新文明、新政制了。

多里安人的海外移民

移民并不限于迈锡尼遗民，入侵者多里安人也大批向外移居。这大概是一些不满意他们所分得的掠夺品的人，或者因更富于冒险性而继续泛海前进的人。这些多里安人直下克里特岛，这还可算是入侵的继续，但并不以此为止。他们还进入小亚细亚西南角、希腊人早已移居其间的罗得岛等岛屿，还在大陆上建立了奈达斯（Cnidus）、哈利加纳苏（Halicarnassus）等殖民城市。这样,希腊本土的爱奥里斯、伊奥利亚、多里斯三个集团就都有了海外殖民地的对应部分。公元前八世纪,希腊所谓有史时期开始的时候,所谓的希腊,就已经不光是希腊本土,而是包括爱琴海上诸岛屿与小亚细亚两岸的海外殖民地在内的了。

筑城聚居的必要性

史家考证,认为最初希腊的海外殖民,多数是夺取当地人民原有的居民点住居其中,原有的居民成为移民团体的"依附民,常常是农奴"。然而移民团体人数不多,为了防卫当地人民的报复,或者为了防卫不时可能发生的海盗的劫掠,他们必须筑城聚居。移民团体也可能选择某个位置有利的空地,白手起家建设他们的家园,因为同样的理由,也必须聚居在一起,周围筑城以利防卫。这些初期移民,目的在于觅取新土地。他们到达新地方,总要夺取一片土地或是开辟一片土地分给各个成员,他们基本上是务农的人民。但是这片土地只能是城堡附近不大的一片,因为移民团体的所有成员,至少在最初时候只能不分贵贱聚居在城堡之内,即使在城外,也只能在城垣附近。

这是殖民地和本土间的一个巨大差别。本土居民世世代代居住在分散的乡村中,筑有城垣的城堡也是有的,那是巴西琉斯(王)宫室所在,也是人民遇警避难的地方。希腊人最初称之为"波里斯"(Polis,这就是后来转义为城市国家,即城邦那个词,参见前文)的就是这些城堡。城堡外面,城垣脚下,后来也聚居了一些普通人民,希腊人最初把这样的聚居之地称为"阿斯托"(Asty)即市邑,那和称为"波里斯"的城堡是有区别的——一种贵贱之间的区别。然而移民团体只好一开始就筑城聚居,从一种意义上来说,本土的"波里斯"和"阿斯托"之间的贵贱区分不再存在了;从另一种意义上来说,城堡与普通人民原来也并非没有关系,那是躲避外敌或海盗侵犯的避难之所。现在,他们身处异邦,只好一直住居在这个避难所内了。

城堡和市邑之间的区分,就是在这些殖民社会内也长期保留在记忆之中,产生于这些殖民社会中的荷马史诗,许多辉煌的词句用来赞美城堡,市邑是算不了什么的。然而殖民城市的现实终究取代了古老的回忆,高贵的"Polis"一词终于用来指这些城市。又因为这些筑城聚居的殖民城市,各自是一个独立社会,各自发展成为独立国家,"Polis"也就用来指城邦,即城市国家,甚至并非城邦的一般国家了。

自立门户与"分裂繁殖"

一个筑城聚居的殖民地是一个独立的社会,这是容易理解的。这些独立的社会各自发展成为一个独立的国家,则有许多复杂的因素,简单的语源学的解释是不足以说明问题的。

我们还记得,就在多里安人入侵以前,小亚细亚西北角就已经有一个事实上的"新亚该亚"。有利于希腊人殖民扩张的国际环境是,小亚细亚腹地没有一个强有力的国家足以阻止这种分散的无计划的殖民。使我们不得不反过来设想,假使希腊人能够把原来的"新亚该亚"和新到的移民的力量组织起来、集合起来,在强有力的领导之下,同样的条件岂不是也有利于希腊人做深入腹地的征服,也不难建立一个希腊人征服者高踞于本地人民之上的大王国吗？但是历史并没有按照这条路线发展。历史的实际是，这些殖民城市遵循一条"分裂繁殖"的路线，亦即殖民城市建立安顿下来两三代之后，自己又成为殖民母邦，派遣移民到邻近的甚至辽远的海岛和小亚细亚沿岸去建立新的殖民城市去了。

不集结起来做深入腹地的征服，各自独立并遵循"分裂繁殖"的路线，原因必定很复杂，其中大部分也许我们永远无法知道。下面，我们想从殖民动机所决定的各个殖民地自立门户、不相统属的强烈愿望，和在经济方面这些殖民城市向工商业发展这两个方面，对它做一些极不充分的解释。

在古代技术条件下移居海外的人，总有些冒险家的气质。即使多里安人入侵时期出走的，显然也因为他们不愿屈居于被征服者的地位。去古未久的罗马人辛尼加对希腊人移居海外的动机做了下述评述，他列举了移民的各种原因，我们都可以在这些原因上附加一条冒险家气质的理由。

"有的是遭敌人侵略，城池被毁坏，物品被抢光，被迫流落出走的；有的是由于内战而被驱逐出境的；有的是由于人口过多，为了减轻负担出走的；有的是由于瘟疫、地震或不幸土地遭到难以克服的天灾而离乡的；另有一些人则是由于受到外方土地肥沃景物美妙等夸大传说的诱惑而出走的。"（杜丹：《古代世界经济生活》）

古典时期的希腊史家希罗多德还给我们讲了这样一个故事，那更加是"宁为鸡口，无为牛后"的自立门户的强烈愿望促成了移民海外的典型例子：

> "拉凯戴孟（Lacedaemon）的铁拉司（Theras）是卡德谟斯（Cadmus）一族的人，他是攸利斯提阿斯（Eurystheus）和普罗克利（Procles）的舅父。当这些男孩子还年幼的时候，他在斯巴达以摄政的身份执掌王权。但是当他的外甥长大并成了国王的时候，铁拉司既然尝过执掌最高政权的味道，他便受不住再当一名臣民，于是他说他不愿再留居拉凯戴孟，而是渡海到他的亲族那里去。……铁拉司便带领着三艘挠桨船到（原来称为卡利斯诺的）岛上去……这个岛由于他的殖民者铁拉司的名字而被称为铁拉司岛……"（Hero. Ⅳ, pp. 147—8）

伯里的下述评论虽然是针对亚该亚人在特洛伊战争前后的移民而说的，对于多里安人入侵以后的移民，以及海外殖民城市建立起来以后，由那里出发移民新地方的所谓"二次移民"，大体上也是适合的：

> "当我们要找出和英雄时代的性格相称，并且确实以我们所知的那个时代的情景为基础的（移民的）动机的时候，我们一方面注意到，这次战争（特洛伊之战）的实际结果是对希腊人来说开辟了小亚细亚海岸永久居住的新土地，另一方面我们也注意到，在亚该亚贵族之中，早就感到有这样一个扩张范围的需要了。我们已经知道，富有冒险精神而又感到在故乡没有他的地位的希腊王侯们已经在靠近加里

亚和吕底亚的罗得岛和其他岛屿上定居了下来，另一些又怎样在北面的雷姆诺斯（Lemnos）已经取得了立足之地。事实上殖民早已开始，殖民不是由于在希腊发生了一般意义的人口过剩，而是由于贵族和王侯家族中发生了人口过剩。"（伯里：《亚该亚人和特洛伊战争》，第Ⅱ卷第17章）

希腊人这种自立门户的强烈愿望，其实不仅决定了殖民城邦遵循"分裂繁殖"的扩张路线，也决定了这些殖民城邦总是相互竞争，相互敌对，不能团结起来对付全民族的共同敌人。古代希腊留下来的史料表明，这些城市之间经常发生武装冲突，重装步兵战术多半是在希腊城邦之间的战争中发展起来的，因为公元前七世纪吕底亚王国兴起以前，希腊人没有碰到过什么严重的外来敌人的进犯。而当国际形势变化到地中海和黑海上再也没有新的海岛和海滨可供他们殖民的时候，这些冒险家们宁愿去当"蛮邦"如埃及和波斯的雇佣兵。公元前七世纪至公元前六世纪，埃及的赛斯王朝的军队中有许多希腊人。公元前五世纪末，争夺波斯王位的波斯王子居鲁士（Cyrus）向巴比伦进军的军队以一支万人左右的希腊雇佣军为主力，当小居鲁士战败被杀的时候，这支雇佣军从巴比伦附近长征到达黑海的特拉布宗。这个长征故事流传古代，历久不衰。马其顿的亚历山大征服波斯的时候，波斯大王的军队中，有两三万人的希腊雇佣军。公元前四世纪以后，武力、文化、经济、技术各方面都冠绝当时地中海世界的希腊人,一方面长期进行自相残杀的内战[①],一方面出去当"蛮邦"的雇佣兵,结果要由蛮邦的马其顿来集结希腊人的力量征服波斯。甚至这次征服还没有造成希腊人的民族统一,以致要由"蛮族"拉丁人的一个城邦罗马来统一地中海世界,统一地中海的"希腊社会"。不过这已经扯得太远了……

经济发展和发展的方向

初期移民,目的是到海外去寻找可以安家落户的新土地,目的不在商业。但是聚居于一个城市中的独立社会势必要谋求经济上的"自给",因而除农业以外必定要发展必要的手工业,要作对外的商品交换。一旦商业和手工业发展起来,交换范围的扩大简直是没有限制的。而古时小亚细亚这个地方的状况,又十分有利于希腊人城市的工商业的发展。小亚细亚东部是赫梯的旧壤,两河流域(美索不达米亚)文明传播到那里为时很早,冶铁技术大概首先发源于高加索(公元前1000年时,地中海世界已进入铁器时代),包括冶金技术在内的工业技术十分发达。希腊移民,通过民族混合和其他途径,在小亚细亚广泛吸收了先进的古代巴比伦文明,有助于它们的手工业的发展。另一方面,海滨的殖民城市背后有广阔的腹地,可以取得手工业原料,可以用工业品交换粮食,而且还据有发展海上贸易最有利的地位。地中

[①] 这里用"内战"一词,其实是不适当的"现代化"。每一个希腊城邦是一个独立的国家,所以,一个城邦内部民主党和寡头党之间的武装冲突才是严格意义的内战,两个城邦或两个城邦集团之间的战争,是国际战争而不是内战。现代国际法中的战争和和平法,是从希腊城邦之间的战争的国际惯例中演化出来的。

海的海上贸易，早在克里特时代已经开始，迈锡尼衰落之后，腓尼基人继起贩运其间。当希腊人在海外城市定居下来的时候，星罗棋布的希腊人海外殖民地事实上组成了一个希腊人的海上贸易商站网。这些条件，使多数希腊殖民城市走上农工商业兼营的道路。农业是他们最初得以取得生活资料的行业，工商业发展以后，他们当然不会放弃，因为无论哪个城市，某种程度的粮食自给总是十分必要的。不过，有些城邦，尤其是某些海岛，后来大种葡萄，酿酒出口了。工业，有钢铁制造业、陶器、纺织、制革，其中尤以米利都最为著名。商业的扩展尤为积极，因为开通新商路，寻求新的市场和新的原料来源，是市场经济获得新发展的首要条件。

这是推动希腊殖民城市遵循"分裂繁殖"路线的第二个因素。开辟新商业，需要在新地方建立商站，这些商站是财富集中之地，必须筑垒据守，以防劫掠。这些新商站是商业殖民城市有计划地派人建立的，在当地人民软弱可欺的情况下，或在当地人民文化落后，希腊人的海上贸易帮助他们输出土产交换精巧工业品，交换葡萄酒、橄榄油等"珍贵物品"，得到他们欢迎的状况下，很快又形成一个新的希腊殖民城市。派遣新移民出去的殖民母邦，并不缺乏热切期望出去碰碰运气的冒险家，这些人又是母邦统治阶级所不喜欢的"难领导"的顽梗不化分子，他们移居到新地方恰好可以消除母邦内的扰乱因素，"分裂繁殖"于是愈来愈成为希腊扩张的基本方式了。

"二次殖民"

这就是由希腊海外殖民城邦出发的"二次殖民"。荷格斯（Hogarth）结合当时地中海地区的国际状况，综述二次殖民的过程如下：

"最初的希腊殖民地很早就在它们紧邻地区做二次殖民了。米利都建立了爱阿苏斯（Iasos）、库梅（Cyme）和累斯博斯（Lesbos）移民于邻近的一切海岸和小岛。小亚细亚西边的爱琴海附岸和前海（即今马尔马拉海）沿岸，加上黑海最西端的赫拉克里亚（Heracleia）、潘提卡（Pontica），在英雄时代（公元前九世纪）以前都已经被占领了。

（小亚细亚）南岸……罗得岛以西的地方直到西里西亚-西普里阿特（Cilician-Cypriote）集团诸城市出现以前，我们没有碰到最初的希腊殖民地，但是，看起来在旁非利亚（Pamphylia）诸城市中有过希腊人商站性质的居留地，例如法西利斯（Phaselis）……帕加（Perga）、阿斯彭都（Aspendus），按其名称来看，那里的居民还是当地人占支配地位，西里西亚一些城市如塔尔苏斯（Tarsus）亦然。

建立在较远的腹地，距海比通常希腊城市与其港口间的距离为远的[如科罗封（Colophon）之距诺丁姆（Notium）]，我们只听到梅安徒（Meander）河上和赫尔密斯（Hermus）河谷的一些。梅安徒河上的马格尼西亚（Magnesia）和特拉里斯（Tralles）两城自称和任何海滨殖民地同样古老，另一个西彼洛斯（Sipylus）山下的马格尼西亚（Magnesia）亦然。

下一步希腊人继续殖民，目标指向（小亚细亚）南岸。库梅据说是第一个成了'异域'上殖民地的母邦，它移植了一批移民到旁非利亚旁边，但是马上丧失给蛮族人了。罗得岛在吕西亚（Lycian）海岸中部建立了两个小商站，并和某些不知来源的多里安人联合起来殖民于西里西亚的苏利（Soli），塞莫斯占领了西部西里西亚的乃吉达斯（Negidos）和西伦德里斯（Celenderis）。人们对这些地区所抱希望似乎仅限于此。……亚述的萨尔贡（公元前八世纪后期）的一个记载，吹嘘他们的舰队在塞浦路斯海上，像鱼一样地驱逐和捕获了贾凡（Javan, 即伊奥利亚）人的船只，把和平给了西里西亚和推罗，也许这里透露出来阻力是够大的。

叙利亚和埃及海岸对海外来的殖民者事实上是关门的；但是我们发现公元前720年有一个希腊人统治的阿西多德（Ashdod），又在诺克拉底（Nancratis）这个各地希腊人共有的殖民地建立（时间在公元前六世纪初）以前，有一个米利都的商站早已设立在康洛庇克尼尔（Canopic Nile）最靠近海边的某个地方了。

除了持续不断地努力抓住埃及贸易而外，米利都这个亚洲诸殖民地最大的母邦，看来把它的注意力全都转向北面。……在那里，它预料碰不到任何认真的竞争对手，……所有的海岸都敞开着大门。……攸西布伊斯（Eusebuis）相信米利都拥有海上霸权达十八年之久，这必定是它令人惊愕的扩张努力开始的标志，米利都在这次扩张中，最后（根据一个很可能是过甚其词的传统说法）在小亚细亚的北岸建立了七十个以上的殖民点。这次海上霸权的时间,攸西布伊斯定为公元前八世纪后半,看起来没有充分理由把它转到别的时候去。"(荷格斯:《小亚细亚的希腊殖民地》,第Ⅲ卷第20章, *Hellenic Settlement in Asia Minor*, by D. G. Hogarth, ch. XX, vol. Ⅱ, c. a. h.)

总之,到公元前八世纪前半为止,希腊本土还处在从黑暗时代开始苏醒过来的时候,小亚细亚诸殖民城市,在其邻近地域,以及远涉重洋向南向北的积极的殖民扩张,已经有好几百年了。到公元前六世纪为止,小亚细亚西岸,包括原来北端的爱奥里斯,中部的伊奥利亚、南部的多里安三个区域,殖民城市"繁殖"得愈来愈多;小亚细亚南岸,迤南叙利亚海滨,希腊人多次的殖民努力被亚述帝国和其他势力阻挡住了,从此以后,那里一直是希腊人进不去的禁区。而且,从推罗、西顿出发的腓尼基人的海上殖民,成为希腊人在地中海上殖民势力的激烈的竞争对手。在埃及,以米利都人为主建立了一个希腊人的商站城市诺克拉底,它的存在也和埃及人的希腊雇佣军有密切关系。这个时期希腊殖民扩张的最大成就是开辟了黑海航路,从此在达达尼尔、博斯普鲁斯两海峡的两岸,在马尔马拉海(Marmora,希腊人称之为Propontis,意为前海),在黑海的南北东三面海岸,逐渐布满了希腊人的殖民地。就中建立在今苏联的克里米亚和诺曼两半岛上,以旁提卡彭(Panticapaeum)为主的一群殖民城市,是把南俄草原上的粮食输出到希腊去的重要商业中心,对此后希腊的经济生活起着十分重要的作用。这个时期以后,希腊人也大规模向西、向南殖民,因为殖民母邦也包括希腊本土诸国,推动殖民的因素更为复杂。

殖民城市和其母邦的关系

殖民城市的"分裂繁殖"规模和速度是令人惊讶的。如果米利都确实如传统史料所称的建立了七十多个殖民地，即使设想这是延续二三百年殖民活动的结果，包括它自己直接建立的"子邦"和"子邦"所建立的"孙邦"在内，这个数目也是十分可观的。米利都建立的殖民地上的移民当然不会全部来自米利都，其中必定包括四面八方来的希腊人，不过这种规模可惊的移民必定也抽干了米利都的人力。大规模的移民活动必定会使各城邦的人力感觉不足，它会促使各城邦加紧同化它们统治的非希腊血统的居民，使得殖民征服造成的依附民或农奴的社会地位逐渐上升，并使其间的界限逐渐泯灭，这对新国家内酝酿出来的新政制必定会产生重大影响。同时，我们虽然没有听到这个期间希腊本土诸邦有什么殖民活动，但是小亚细亚的殖民扩张必定也为希腊本土"过剩人口"开辟了出路。这一点，正如海外殖民地的迅猛经济发展一样，不断对希腊本土诸邦的经济和政治产生深刻的影响，下一节我们还要略加分析。

"分裂繁殖"式的扩张的重大后果之一，是无法在为数日趋众多的殖民城邦中形成一支政治、军事、经济的中心国家。新殖民地最初是多方面依赖母邦的，一旦它具有足够多的居民，建成一个自给的独立的社会，它就成为一个独立于母邦之外的国家了。荷格斯说，古代希腊作家所称的米利都"握有海上霸权达十八年之久"是它的殖民活动最迅猛的时期的标志，看起来是恰当的解释。因为新殖民城市很快就成为无助于母邦的政治军事威力的独立国家，所谓米利都的海上霸权实际上是并不存在的东西。公元前七世纪开始米利都经常受到吕底亚王国的军事侵略，直到公元前五世纪初期米利都被波斯攻陷为止，没有听到它所建立的诸殖民城邦对它抵抗外敌侵略有过什么帮助。

事情还不止于此。殖民地还会和它的母邦打起仗来。修昔底德记载的伯罗奔尼撒战争的起因之一，是雅典干涉科林斯和它的殖民地科西拉（Korcyra）之间的战争。此事发生在公元前五世纪后期，时间已经很晚了，不过当时的"国际惯例"无疑是公元前十世纪以后小亚细亚诸邦之间的关系流传下来的，摘录修昔底德书中的片段材料，可以有助于我们了解殖民地及其母邦之间的关系。

科西拉的使节在雅典的公民大会上说：

"如果一个殖民地受到良好待遇的话，它是尊重它的母邦的，只有它遭到虐待的时候，它才对母邦疏远。派到国外去的移民不是留在母国的人的奴隶，而是与他们平等的……"（《伯罗奔尼撒战争史》，第28页）

科林斯的使节在同一个会上说：

"（科西拉人）说，他们被派遣出去的目的不是来受虐待的。我们说，我们建立殖民地的目的也不是来受侮辱的，而是要保持我们的领导权，并且要他们表示适当的礼貌。"（同上书，第31页）

第三章 海外殖民城市是城邦制度的发源之地

"科林斯人……怨恨科西拉人……在公共节日赛会时（指在科林斯地峡举行的赛会）没有给予科林斯人以特权和荣誉（指殖民地向母国呈献的牺牲，派遣代表参加科林斯人的节日典礼等）；在祭神的时候，也没有给予科林斯人应有的便利。他们轻视他们的母邦，自称他们的金融势力可以和希腊最富裕的国家匹敌，而他们的军力大于科林斯……"（同上书，第22页）

可见，所谓殖民地对于母邦的尊敬，不过是一些宗教礼仪上的细节，所谓母邦的领导权，也绝不是政治军事上对殖民地的支配权。殖民地在一切方面是与母邦平等的，母邦和殖民地之间，从来没有也不可能结成什么政治集团。政治集团的分合，完全取决于各邦之间的实际利害关系，与母邦子邦关系是不相干的。

母邦派遣殖民地当然不会没有实际利益可得，最大的好处是新殖民地会扩大母邦的商业，有助于母邦经济的发展。有些西方史家认为，公元前六世纪的埃弗塞斯（Ephesus）富裕到可以借钱给吕底亚王国的一个广植党羽谋求继位的王子。无论如何，小亚细亚诸城邦在几百年的经济发展中必定已经形成一批富豪世家，平民是贫穷的，有在豪富庄园中当短工的流浪汉（《奥德赛》卷十八），但是他们的生活水平大概还大大高于希腊本土的公元前六世纪雅典的"六一农"。经济上繁荣富裕的一群工商业城市，好像密缝于"蛮邦"原野这大片织锦上的花边（罗马时代的作家西塞罗的描绘），然而没有结合成为军事上足以自卫的集团，也没有任何城邦足以成为团结的中心，这就是"分裂繁殖"

的希腊城邦群的状况。

以契约为基础的政体

在以上的叙述中,盛行于希腊城邦的自治与自给这两个要素,已经跃然可见了。这些自治与自给的城市国家的政体会摆脱血族基础,转而以契约为基础,似乎是顺理成章的。汤因比(Toynbee)说:

"海上迁移有一个共同的简单的情况:在海上迁移中,移民的社会工具一定要打包上船然后才能离开家乡,到了航程终了的时候再打开行囊。所有各种工具——人与财产、技术、制度与观念——都不能违背这个规律。凡是不能经受这段海程的事物都必须留在家里,而许多东西——不仅是物质的——只要携带出走,就说不定必须拆散,而以后也许再也不能复原了。在航程终了打开包裹的时候,有许多东西会变成饱经沧桑的另一种丰富的新奇的玩意了……

"跨海迁移的第一个显著特点是不同种族体系的大混合,因为必须抛弃的第一个社会组织是原始社会里的血族关系。一艘船只能装一船人,而为了安全的缘故,如果有许多船同时出发到异乡去建立新的家乡,很可能包括许多不同地方的人——这一点和陆地上的迁移不同,在陆地上可能是整个血族的男女老幼家居杂物全装在牛车上一块儿出发,在大地上以蜗牛的速度缓缓前进。

"跨海迁移的另一个显著特点是原始社会制度的萎缩,

这种制度大概是一种没有分化的社会生活的最高表现,它这时还没有由于明晰的社会意识而在经济、政治、宗教和艺术的不同方面受到反射,这是'不朽的神'和他的'那一群'的组织形式。"(Toynbee, p.129)

汤因比在这里用"萎缩"一词是恰当的。因为我们知道,殖民城邦并不是没有"氏族"(Clan)和"族盟"(Phratries)这一类组织,而且大家知道它们的政制基本上是贵族政治。氏族、族盟、贵族,这一切好像都是部族国家原有的东西,但是稍稍考究它的内容,就知道相同的不过是名称,内容已经完全变了。

下引格尔顿乃尔(Gardener)阐释是说明雅典的氏族和族盟的。雅典位居希腊本土,格尔顿乃尔文中所说"大移民"是指古老的亚该亚人进入希腊而言,那次移民究竟是否已经把血族关系的族盟改变成为"战友关系"的族盟,不妨存疑,但是用来解释希腊人海外城邦中的族盟,似乎是十分恰当的。

"在历史时代,阿提卡按照一般希腊国家共同采用的方式,把它的公民居民分配于十二个族盟或'兄弟集团'(Brotherhoods)之间。这些族盟看来起源于自愿的结合,首先由于战争中的伙伴关系组成……在大移民以后比较安定的时代,它……长期保存了下来,它的成员,在保卫生命和财产中要互相合作……

"……可以肯定,氏族并不是族盟的组成部分。通例,每个氏族的成员并不全部属于同一个族盟,而是十分无规则地分布于多个族盟之中的……

>"所以,氏族是私人性质的宗派组合……

>"氏族的真正性质是不难找到的。在早期社会中,要把自己和平民分离开来去追逐宗派利益的上等人,是一些大地主。最初的贵族就是由此形成的。……大地产的所有主最终结合成为贵族阶级,于是氏族在根本上成了贵族的组织。……氏族的重要性在于他们维护名门和豪富的世裔……"(格尔顿乃尔:《早期雅典》,第Ⅲ卷第23章,*Early Athens*, by Gardener, ch. 23, vol. Ⅲ, c. a. h.)

"原始社会萎缩"必定会使新的殖民城邦采取不同于在血族基础上长成的部族王的制度。按汤因比的说法,新制度的原则,要"以契约为基础"。

>"跨海迁移的苦难所产生的一个成果……是在政治方面。这种新的政治不是以血族为基础,而是以契约为基础的。……在希腊的这些海外殖民地上,……他们在海洋上的'同舟共济'的合作关系,在他们登陆以后好不容易占据了一块地方要对付大陆上的敌人的时候,他们一定还和在船上的时候一样把那种关系保存下来。这时……同伙的感情会超过血族的感情,而选择一个可靠领袖的办法也会代替习惯传统。"(Toynbee, p. 132)

说到"以契约为基础",我们不免想到卢梭的"社会契约论",而汤因比之采用"以契约为基础"这种说法,显然也是有卢梭存在心中的。然而我们绝不可以把古史现代化。希腊殖民城邦政体虽势必不能不以契约为基础，初期，他们还不能不采用他们所熟悉的王政形式，从王政向前演变，第一步只走到贵族的"权门政治"，达到主权在民的直接民主制度，还有一段遥远的路程。

初期殖民城邦的王政及其贵族阶级

小亚细亚诸殖民城邦，开始时似乎都有国王。这是因为他们在新地方建立新国家所能效法的楷模，还只能是他们所熟习的旧制度。另一方面，也因为有些城邦开始时希腊人还居少数，要等到本土移民逐渐增加上来，和当地人民逐步同化的时候，这些城邦才彻底"希腊化"了。所以，伊奥利亚诸殖民城邦的国王，或是雅典王科德洛斯后裔，或是吕西亚的格兰西都（Glancidae）世系，后者也许是在希腊人成分最弱的地方取得了政治权力的。有许多城邦，因为没有旧王室的世裔，城邦创立者的世裔成了世袭的王室，埃弗塞斯和厄立特利亚即其实例。但是一旦这些城邦希腊化了，王政就有名无实，实际上成了贵族阶级的阶级统治了。这一点，反映于荷马史诗《奥德赛》中。此书卷六，奥德赛漂流到斯客里亚（Scheria）岛，此岛由瑙西都斯带领一批被圆目巨人（Cecrops）侵扰的人民跨海移入，筑城聚居，建立了腓阿克斯（Phaeakes）国家。瑙西都斯是该国的第一个国王，奥德赛到达时，已由他的儿子阿尔克瑙斯继位了。但是"那里有一个由十二个贵人组成的议事会，做瑙西都斯的儿子阿尔克瑙斯王的顾问。那里有一个大会集会的公共场所，腓阿克斯的人民集合于此，但不是来投票,而是来看远方来客奥德赛的"。

新国家的贵族是些什么人呢?

"在王政下面,区别于人数更多的非希腊本地人的全体希腊人,构成贵族阶级。根据公元前六世纪米利都的历史,可以推测他们之间的区别。在王政倾覆之后很久还继续存在,本地人的彻底希腊化并没有能够消除这种痕迹。

"不过当自然增殖和西面希腊人的连续移入,使得希腊人贵族很快变成城邦居民中的多数的时候,他们内部又出现了新的差别。有一些小小的集群获得了权力和特殊地位,并把它掌握在手来对抗其余的希腊人。伊奥利亚诸城邦的最初历史,记载着那里的希腊人阶级早已分化为拥有土地的一批寡头和无特权而又心怀不平的潜在的民主主义者了。"(荷格斯:《小亚细亚的希腊殖民地》,第Ⅱ卷第20章, *Hellenic Settlement in Asia Minor*, by D. G. Hogarth, ch. 20, vol. Ⅱ, c. a. h.)

显然,在这样的新国家中,王权是毫无基础的,国王原来就没有任何神授的权威,他不过是贵族阶级中显要的一员,用不到什么革命和政变,王权会自然而然地消失掉。我们中国人熟悉我们几千年的皇朝政治,我们从西方近代史中也知道,盛行于中世纪欧洲的王权要经过怎样的暴力革命和社会震荡才最后消灭掉。当我们初读希腊史的时候,对于他们远古的王权怎么会"和平"消失感到很不容易理解。这种和平消失的过程,放在海外城邦的历史背景下来观察就不是什么怪事——希腊本土诸邦王权的和平消失，原来是起源于小亚细亚殖民城邦的一种时代风尚。小亚细亚是当时希腊世界最先进、最文明的地方，处在逐渐"现代化"过程中的希腊本土诸邦要追随这种风尚当然是可以理解的。

贵族世裔的门阀政治

在这样的新国家中，政权掌握在组成政治上的阶级的贵族手中。这种贵族政治不是亚里士多德《政治学》中所说的"公民的多数决议……总是最后的裁断，具有最高的权威"，只不过是因为选任执政人员的种种限制，使当权者是贵族阶级的那种贵族政治，这是希腊人称为权门政治（Dynasteia）的那种寡头政体。一批贵族门阀世世代代处在当权地位，最高政权机构是元老院或议事会，元老院或议事会成员是终身职，补缺选任并不通过什么公民大会或自由民大会选举，而是根据元老院或议事会自己的决议，从贵族门阀中挑选任命的。自由民大会或者只召集来听传达，无权议事，或者名存实亡，久不召开。一切政务都由这个元老院或议事会决定，这是一种真正贵族阶级的贵族专政。阿德科克说：

"城邦据以建立起来的宪法结构是贵族政治。当生活安定下来的时候，个人领导权让位给一个阶级的稳定的影响力量，在海外，这个阶级有时候是亲手掌握了最高政治权力的最初移民。……当王权日益缩小最后消灭的时候，古老的自由人大会也消失不见或不起什么作用了。国家是能够自由自在为之服务的人的财产。政府的主要机构是议事会，它或者是贵族的一个核心集团，或者是整个特权公民。取代了君主政体这个集团的团结一致予人以强烈的印象。凡是抱负非常，因而不愿屈从这种城邦生活体制的秩序的人，可以离开本城去建立新城邦。

"贵族们并不是闲住在狭小的生活圈子中的，他们要在议事厅内学会成为议事会内的同僚。执政官们通常是他们的下属，因为议事会成员一般是终身职务，而议事会的稳定的影响力量则控制着国家，同时，在一个依靠世代相传以智慧为生的时代中，经验是聚集在其中的各个侪辈身上的。在早期希腊史上杰出的人物并不多见，并不是因为历史记载的缺乏，而是因为，只要没有新的力量来扰乱它，城邦没有那些适合于它的有秩序生活体制的大人物也是过得去的，国家高于它的统治者……

"希腊国家的本质在于国家是一个阶级的国家。'宪法就是统治阶级'，国家是围在一个小圈子里面的。这就是贵族政治的遗产……"（《希腊城邦的兴起》，The Growth of Greek City-states）

梅因在论及王权之递嬗为贵族政治时说：

"1. 英雄时代的王权，部分地依靠神所赋予的特权，部分地依靠拥有出类拔萃的体力、勇敢和智慧。逐渐把君主神圣不可侵犯的印象开始淡薄，当一系列的世袭国王中产生了柔弱无能的人时，王家的权力就开始削弱，并且终于让位于贵族统治。如果我们可以正确地应用革命的术语,则我们可以说,王位是被荷马一再提到和加以描写的领袖议会所篡夺了。无论如何,在欧洲各地,这时已从国王统治时代转变到一个寡头政治时代,即使在名义上君主职能还没有绝对消失,王权也已经缩小到只剩下一个暗影。他成为只是一个世袭将军,只是一个官吏,或仅仅是一个形式上的祭司。

2. 在希腊、意大利和小亚细亚,统治阶级似乎一般都包括由一种假定的血缘关系结合在一起的许多家族,他们虽然在开始时似乎都主张有一种神圣的性质,但他们的力量在实际上并不在于他们所标榜的神圣性。除非他们过早地被平民所推翻,他们都会走向我们现在所理解的一种贵族政治。

在更远一些的亚洲国家,社会所遭遇的变革,在时间上,当然要比意大利和希腊所发生的这些革命早得多;这些革命在文化上的相对地位,则似乎是完全一样的,并且在一般性质上,它们也似乎是极端相似的。有些证据证明,后来结合在波斯王朝统治下的各个民族以及散居在印度半岛上的各个民族,都有其英雄时代和贵族政治地位;但是在他们那里,分别产生了军事的寡头政治和宗教的寡头政治,而国王的地位则一般没有被取而代之。同西方的事物发展过程相反,在东方,宗教因素有胜过军事因素和政治因素的倾向。在国王和僧侣阶级之间,军事的和民事的贵族政治消失了,灭绝了,或者微不足道;我们所看到的最后结果,是一个君主享有大权,但是受到了祭司阶级的特权的拘束。在东方,贵族政治成为宗教的;而在西方,贵族政治成为民事的,或政治的。虽然有着这些区别,在一个英雄国王历史时代的后面跟着来了一个贵族政治的历史时代,这样一个命题可以被认为是正确的,纵然并不对于全人类都是如此,但无论如何,对于印度-欧罗巴(Indo-European)系各国是一概可以适用的。"(梅因:《古代法》中译本,第6—7页)

梅因所看到的是希腊、罗马、吠陀时代的印度、埃及、巴比伦,以及日耳曼征服以后的欧洲。真的,中世纪欧洲的历史,对于西方史家来说,是最现成的根据。甚至日本也部分适用。就是对于中国完全不适用——不,对于春秋战国时代还是适用的。春秋战国时代真是中国史定型的关键时代。

必须注意,所谓希腊城邦的贵族政治,并不是杰出的一两个贵族的"人治",它是合议制的,它会发展出一套贵族这个阶级内部的民主惯例,从而必须逐步建立起一套规章制度,这就是法律和法典的渊源,总之,这是"法治"。而且,既然"国家高于它的统治者",必然就会体现为作为阶级意志的法律高于个人的意志,法律不可能像"前王所定者为法,后王所定者为令"一样,只体现个别统治者的意志了。

那么,王又怎样呢?

当形式上的王政还继续存在的时候,王不过是贵族阶级中比较显要的一员,他没有实权,更没有特权,他的唯一不能被代替的职务是主持祭祀大典。就是这种"政由宁氏,祭则寡人"的地位也没有维持多久。在海外城邦,库梅的王政至少继续到公元前八世纪之末。其他地方,王政都消失于此时之前。王政消失以后,王(巴西琉斯)的名义往往还保存着,它属于一个王室后裔,然而一切特殊地位全都取消,成了普通贵族中的一员。在米利都发现的属于公元前六世纪的一个铭文,记载了某次祭典,说到"王参加了这次奉献牺牲的祭典,但是他没有比歌队中的其他人员分到更多的'胙肉'"。这种情形,以后也见于希腊本土的雅典。公元前八世纪后,希腊的执政官九人团中,次于首席执政官是巴西琉斯(王),他的职务是祭仪执政官,他担任祭司并处理宗教事务。

拿这种贵族政治和我国春秋诸国的"世卿政治"比较一下,也是饶有兴趣的。春秋时代的"世卿政治"当然是贵族政治,但不是组成一个阶级的贵族用"法治"来行使的政治统治,它是几个贵族世裔或贵族中杰出人物的"人治";同时,"世卿政治"下,国君仍然保持着至尊的地位,至少理论上他可以随时亲掌政权。这种"世卿政治",在中国史上是以"三家分晋""田氏代齐",然后通过激烈的兼并和法家的政治改革成立中央集权的专制主义皇朝而最终结束了的。希腊的贵族政治性质与此不同,历史上说,它是王政和民主政治之间的过渡阶段。历史条件不同,发展的道路自然就不一样了。

官制与兵制

贵族专政下的"官制"如何,从古代文献碑铭中应能找到若干具体材料,可惜我的涉猎范围十分狭隘,无法举出什么直接史料。虽然如此,阿德科克文中"议事会成员一般是终身职务""执政官们通常是他们的下属"两语,还可以给我们某些启发。

这种"官制",也见于共和罗马。共和罗马元老院成员都是终身职,执政官和其他高级行政官员由"百人团民会"选出,任期很短,通常是一年。他们虽是民选的,实际上"每一位前任的高级官员最终还是参加了元老院,而新的官员事实上又同样是从那些元老中选出来的"(科瓦略夫:《古代罗马史》,第131页)。共和罗马的官制也许可以帮助我们推测希腊殖民城邦的官制,而且说不定罗马这种官制还是从希腊人那里学来的。可以设想有一个贵族寡头组成的议事会,它掌握全部政权,其中成员全是终身职务。行政官员任职期限有定,无论他们的选任是否通过人民大会,事实上,这种职务由议事会中的成员轮流担任,并对议事会负责。这些贵族们执掌政权是为了保卫本阶级的利益,这个阶级是富有的,所以他们的职务全是义务职,不向国家领取报酬。

关于兵制,亚里士多德告诉我们:

"在古希腊,继君主政权之后发生的政体的早期形式中,公民团体实际上完全由战士组成。其始,都是骑士。军事实力和战阵的重心全部寄托在骑队身上……"(《政治学》,第213页)

"在古代,擅长以骑兵制胜的城邦常常为寡头政体,就因为战马富于富饶的著名家族。这些寡头城邦惯常用骑兵和邻邦作战,我们可举爱勒特里亚(Eretria)、(优卑亚岛上的)卡尔西斯(Chalcis)、梅安徒河上的马格尼西亚(Magnesia ad Meander)以及小亚细亚其他许多城邦为

例。"（同上书，第181页）

城邦的自治和自给决定它的兵制一开始就必须是"公民军制"。贵族寡头政制时代，不论城邦居民多少，组成城邦的Polite（原意"城邦的人"，转意为"人民"）是贵族，所以它的军队主要由骑兵组成。

社会阶级关系的变化

殖民城邦从主要务农逐步转变为农工商业兼营，其中有一些还变成以工商业为主，并且还发生了规模壮阔的"二次殖民"，社会阶级关系自然也会发生剧烈的变化，前引阿德科克文中也简略提到了。大体说来，城邦建立之初所征服的本地居民，原来是依附民或农奴身份，在漫长的世代中，他们在语言风尚上希腊化了，商品货币关系的发展，以及人力的缺乏，必定使他们上升到了自由民的地位。这些自由民，连同希腊本土来的新移民，构成城邦的非贵族的平民大众，照阿德科克的说法，他们是"心怀不满的潜在民主主义者"。在希腊本土，非贵族的平民大众，是僭主推翻贵族寡头政体所依靠的力量，他们以后也推倒僭主，建立了民主政体（参见本书第五章）。在小亚细亚，外敌的侵犯打断了事变的进程，僭主上台固然依靠他们，建立民主政体却在希波战争胜利之后。僭主的倾覆，外来的因素起了决定性的作用。

商品货币经济的发展，豪富世家的形成，必定会产生购买奴隶的需要；贩卖贸易会成为海上贸易的组成部分，又是自然而然的事。"蛮族"诸部落间经常发生自相残杀的战争，"蛮族"的酋长很快就会懂得拿战争中的俘虏交换精巧的工艺品和葡萄酒、橄榄油之类的东西，希腊城邦中的豪富世家借此可以买到"家奴"，这是希腊奴隶制的开始。公元前八世纪以前小亚细亚诸城邦也许已经用买来的奴隶从事手工业生产，《奥德赛》中腓阿克斯的巴西琉斯的家庭作坊有磨面的、打线的、织布的奴隶，但是，在农庄中"搬石头，起围墙，种大树"的苦工，是外来的流浪汉（也许是从希腊本土新来的贫苦移民）的雇工而不是买来的奴隶。从多种证据来说，我们可以有信心地判断，在那时候小亚细亚诸希腊城邦中奴隶制度还刚开始萌芽，还没有形成一种占支配地位的"制度"。奴隶制盛行于希腊，已经是希波战争以后的事情了。

希腊文明的中心再次移回本土

到此为止，城邦制度基本上已经确立起来了。一个稳定的保守的贵族议事会统治下的城邦，与"主权在民"还有一段距离，不过，促成"主权在民"的条件也已经近在手边了。

从贵族寡头政制转向民主政治这个伟大政治变革的舞台却不在小亚细亚诸殖民城邦，因为公元前七世纪吕底亚王国的兴起，以及它对小亚细亚诸城邦的军事侵略打断了那里的事变进程。这个政治变革的舞台是在希腊本土，其间有一个中间环节，即经济发展的浪潮从小亚细亚影响本土，使本土几个主要国家先是城邦化了并且集团化了，然后，同样的经济发展又引起了那里"主权在民"的政治变革。下面两节，我们将扼要介绍这个过程。

第三章 海外殖民城市是城邦制度的发源之地

这就是说,从公元前七世纪起,希腊文明的中心又从小亚细亚移回希腊本土了,古典时期希腊史上几次著名的历史事变,如希波战争、伯罗奔尼撒战争等中心都在希腊本土——公元前七世纪,希腊本土的黑暗时代结束了,发源于小亚细亚的新文化、新政制,开花结果都在希腊本土,小亚细亚诸城邦以后愈来愈退居次要地位了。

但是公元前七世纪以前小亚细亚这个中心,不仅发展出新政制——城邦制度,发展出兴盛的海上贸易和城市手工业,也发展出新的文化。① 据传说,荷马是基俄斯人,荷马的史诗写作于小亚细亚,最初也传诵于小亚细亚。早期的著名的希腊诗人阿基洛古(Archilochus)是佩洛斯(Paros)岛人,萨福(Sappho)和阿尔喀俄(Alcaeus)是累斯博斯岛上的米提利尼(Mytilene)人,摆脱氏族意识的传统,抒发个人自由和个人独立自主情绪的抒情诗,和史诗一样都发源于小亚细亚。这些诗作,和公元前八世纪希腊本土彼奥提亚诗人希西阿的《劳动与时令》一样,代表"希腊文艺创作的已经很高的发展阶段"(塞尔格耶夫:《古希腊史》,第201页)。最早的希腊哲学是伊奥利亚自然哲学,有泰勒斯(Thales)为首的米利都学派,此外毕达哥拉斯(Pythagoras)生于萨摩斯,赫拉克利图(Heracleitus)是埃弗塞斯人,阿拉克萨哥拉斯(Anaxagoras)是克拉左美奈(Clazornenae)人,德谟克利特(Democritus)是阿布提拉(Abdera)人,西方医学鼻祖希波克拉底(Hippocrates)是可斯(Kos)人。他们虽然都生于

---

① 现在的希腊字母表创造于公元前八世纪。拉丁字母表是当时尚未统一的一种希腊字母表略加变化而成。俄文字母表也是以希腊字母表为基础的。

公元前六世纪及其以后小亚细亚殖民城邦衰落的时代,然而学术上的创造发明总要有长期的积累,公元前六世纪以后小亚细亚诸城邦思想家和学者辈出,正证明了前一个时期小亚细亚这个文明中心在历史上所起的伟大作用。雅典成为希腊文明的中心,已经是公元前五世纪以后的事情了。

  希腊的学术文化,包括它的宗教,都具有不同于东方的色彩,这显然和它的城邦制度一样,是它独特历史环境的产物。而意识形态和政治制度两者,又是互相影响的。不过这是一个专门的问题,对此,下面还要略加探讨。

第四章
希腊本土的城邦化与集团化

希腊本土政治演变的多种类型

已经指出,多里安人入侵以后,直到公元前八世纪为止,希腊本土是处在"黑暗时代"之中。这个时期本土各邦的历史演变,有不少史料留传下来,其中例如雅典,因为是后来希腊文明的中心,古代希腊的作家对它远古的历史就做过不少研究,晚近还发现了亚里士多德的《雅典政制》残篇。但是,所有留传下来的史料,都分属各邦,综合的史料是没有的。尤其是要探讨希腊本土诸邦历史演变受到了小亚细亚诸殖民城邦怎样的影响,影响的具体过程又如何,材料特别缺乏,多年只能根据相关的史实做一些推测而已。

无论如何,影响是有的,而且有理由推定影响是深刻的。在通观公元前八世纪以后到古典时代希腊各邦历史演变的过程之后,我们可以相信,这种影响:(一)首先见于本土海上交通特别便利的科林斯地峡上的科林斯、麦加拉(Megara)、西息温(Sicyon)、优卑亚岛上的卡尔西斯、爱勒特里亚和萨洛尼克湾中的小岛埃吉纳。它们是本土的典型的工商业城邦,它们的领土很小，其中最大的科林斯的领土不见得比小亚细亚那些"分裂繁殖"的殖民城邦大多少，其他都不过是一个城市及其附郭的规模。(二)除这些最早受到影响也变得最快的城邦以外，还有第二类国家，原是一片农业地区，有不相统属的小巴西琉斯各据城堡，分立割据，在黑暗时代中统一起来了，王政消失了，成立了以单个城市为中心的大城邦，或者成为若干自治城市所组成的联盟。这种类型的演变方式在希腊本土发生得最多，早期的雅典、彼奥提亚、洛克里斯(Locris)、福西斯(Phocis)、伊利斯(Elis)，后期(这里所谓后期，时间下限一直可以推到公元前三世纪，甚至还要晚些，那已在马其顿的亚历山大征服以后了)的阿尔卡迪亚(Arcadia)、亚该亚、埃托利亚(Aetolia)都属于这一类。(三)斯巴达和特萨利亚属于另一个类型，那里一直存在着农奴阶级，存在着"边区居民"和贵族阶级或特权公民之间的严格界限和深刻矛盾，而且这两个国家又都是领土广阔，严格说来，它们都是领土国家。然而它们的政制在某些方面还是城邦化了的，不过它们的经济条件和历史传统使它们不可能彻底"城邦化"，而各各保持了自己的特殊面貌。(四)还有介于(二)(三)两种类型之间的国家，至少可以举出一个阿尔哥斯。它的演变过程后面也要约略提到。

希腊本土无论如何狭小，总是具有内陆纵深的地区，它的天然条件绝不可以和"缀在蛮邦原野这片织锦"上的"花边"——海外殖民城邦相比。本土诸国的城邦化多半同时又是某种程度的集团化，这是不可避免的。通观希腊史，我们就会感觉到，多中心的希腊幸亏有这种集团化，才得以打退波斯人的侵犯，否则，成串的富裕的滨海工商业城市，等不到罗马的征服，就会听任东方

第四章　希腊本土的城邦化与集团化

大帝国波斯的任意宰割而毫无抵抗力量了。

希腊本土政制演变的一个环节，即王政的消失，公元前八世纪前后几乎都已完成。亚里士多德解释此种变革的原因是：

> "古代各邦一般都通行王制，王制（君主政体）所以适于古代，是由于那时贤哲稀少，而且各邦都地小人稀。另一理由是古代诸王都曾对人民积有功德，同时少数具有才德的人也未必对世人全无恩泽，但功德特大的一人首先受到拥戴。随后，有同样才德的人增多了，他们不甘心受制于一人，要求共同参加治理，这样就产生了立宪政体。"（《政治学》，第165页）

亚里士多德上面这段话是政治学，也是史论，它确实美化了王制，也美化了希腊人的自由精神，虽然据说他搜集过一百多个希腊城邦政制史做过研究，我还宁愿从汤因比之说，立宪政体，"以契约为基础的政体"渊源于小亚细亚，传布到希腊本土。唯有在这种先例影响之下，贵族阶级起来消灭王政成为时代风尚，这种和平过渡才得以实现。一个著名的传统的故事似乎可以证明汤因比的看法。历史时代希腊诸邦保存王制的仅有的例子是斯巴达，但是斯巴达的王的权力，在所谓来库古（Lycurgus）立法和监察委员会取得巨大权力以后，削弱到仅仅保持出征时统率军队的程度，其时在公元前七世纪。普鲁塔克（Plutarch）说，当时斯巴达两王之一色奥庞波（Theopompus）的王后，抱怨他所能留给后代的王权少于他从前王继承下来的权力，色奥庞波王回答说："不对，我留下来的比从前更多，因为从此王权可以保持得更为久远。"(普鲁塔克:《来库古传》)色奥庞波这样回答,显然因为他看到时代潮流不允许古代的王制继续存在下去。不过小亚细亚殖民城邦风尚影响本土的具体过程,在亚里士多德的时代也许已经漫不可考了。

科林斯等国的海外殖民

王制消失的过程虽已漫不可考,本土诸国城邦化的第一个冲击因素,是东边经济发展和大规模殖民运动的影响,似乎确有证据。最先受到这种影响的第一种类型诸国,今以科林斯为例,略加介绍。

科林斯是多里安人在入侵中建立起来的小国家,被征服的迈锡尼遗民沦为农奴,它两面临海,领土面积不到八百平方公里(纵横不到六十华里)。它的第一代多里安国王名阿乃提斯(Aletes)——历代国王的名字被保存在古代的编年史中。公元前八世纪时,王政结束,贵族政制代之兴起。当时贵族世裔,都自称是第五代国王的后裔,这些贵族世裔互相通婚,并严禁族外通婚。公元前七世纪,开始出现一种美丽的自然主义风格的科林斯陶瓶,它以精美闻名于整个希腊世界,多里安人入侵以后长期盛行的几何图纹陶瓶从此逐渐消失。此种陶瓶,据考证是在西息温(科林斯邻邦,比科林斯领土还要小得多)制造,由科林斯出口的。科林斯两面临海,从萨洛尼克湾出爱琴海;从科林斯湾西去,沿希腊本土西海岸北航到克基拉以北(现代又称为科孚岛),越过奥特朗托海峡到达意大利半岛南端的靴服,公海的航程不过七八十公里。这样优越的海上交通条件,加以迈锡尼时代海权的遗风，它进入海外贸易为时必定很早。历史记载它最早的著名的海外活动，是贵族带头的西向移民。公元前734年，贵族世裔的阿基阿斯（Archias）成为西西里岛上叙拉古城的建城者；同一贵族世裔的克西克拉提斯（Chersicrates）率领移民开辟克基拉岛殖民地，传统说他们移居的动机是寻找更多的土地。即使我们相信传统的说法，同意商业动机并不是最初移居的目的，无论如何它是受到了东边的影响的。

> "……（科林斯的）诗人厄米伦斯（Enmelens，属于王裔贵族）……的时代被定为八世纪中期，如果这是可以接受的话，他的诗作残篇令人注意地指明了伊奥利亚文化的流入，这不仅因为他的诗模仿伊奥利亚史诗的方法和形式，也因为诗内表明了他对米利都发现黑海一事的兴趣。"（瓦德-吉里：《多里安城邦的兴起》，第Ⅲ卷第22章，*The Growth of Dorian States*, by H. J. Wade-gery, ch. 22, vol. Ⅲ, c. a. h.）

我们似乎可以据此推测，这个在多里安人入侵中建立的小王国，在海外城邦的影响之下，逐渐发展海上贸易和手工业，这使得它工商业比重逐步增大，由此推动了贵族阶级的"现代化"。他们取代了王政，建立了贵族专政的城邦，并带头殖民于海外。不过到此为止，他们内部土地贵族和被征服人民后裔的农奴之间的矛盾还未解决，"城邦化"还未完成，这一任务是由后来的"僭主"来完成的。

科林斯以外，上面列举的其他第一批工商业城邦的情况各有不同，演变过程大体类似。卡尔西斯居民都是伊奥利亚人，内部矛盾不显著。它的冶金工业发展较早，后来有铜矿城之称。它的海外殖民在历史上极为著名，它首先殖民于西西里岛上，建立了纳克索斯（Naxos）城，它还在今希腊北部萨洛尼克城南面的卡尔息狄斯（Chalcidice）半岛建立了三十二个殖民城市，半岛即以此城得名。麦加拉、西息温两城后来也经历了一段僭主政治统治时期。麦加拉是西西里岛上麦加拉亥布拉（Megara Hyblaea）、博斯普鲁斯海峡西岸拜占庭（后来东罗马帝国首都，今属土耳其，名伊斯坦布尔）及该城海峡对面的卡尔西顿（Chalcedon）的殖民母邦。埃吉纳（Aegina）这个海岛城邦以海上贸易著名，雅典兴起以前，它在爱琴海上拥有强大势力。

这里顺便要提到一个极有趣味的事情。优卑亚岛上一个名为库迈的小公社，在公元前八世纪上半期在意大利今那不勒斯附近建立了一个希腊殖民地，也称为库迈。此地距离罗马不足两百公里，它是希腊文明输入拉丁地区的前哨。史料证明，公元前六世纪伊达拉里亚（Etruria）统治拉丁地区以前，梯伯河以南完全处于希腊文明影响之下，而现在通用的拉丁字母表，基本上就是卡尔西斯的希腊字母表（当时希腊各地文字极不统一），有一点变化，但变化很小。紧邻库迈的凯彭尼昂（Campanion）地区，有些公社的希腊化十分彻底，以致后来的古物收藏家把罗拉（Nola）、阿贝拉（Abella）和法利逊（Falisan）等城市，看作在某种意义上是卡尔西斯的城市。这是罗马文明渊源于希腊文明的强有力的具体证据，城邦罗马的政制是从希腊城邦学来的，从这里也可以得到间接的证明。

西息温、麦加拉、科林斯三邦的僭主政治

　　第一类型诸国，卡尔西斯、爱勒特里亚未受多里安人征服，埃吉纳是多里安人移居的小岛，都没有被征服人民苗裔的农奴，西息温、麦加拉、科林斯三邦是多里安人征服迈锡尼的旧壤，被征服人民世世代代是多里安人的农奴。这几个小邦大力发展工商业，还大规模移民海外，完全可以想象，那里非贵族的自由民中会出现因工商业致富的暴发户，然而政权掌握在贵族手里，他们被排挤在政治之外。另一方面，守旧的土地贵族会因为商品货币经济的发展，刺激起对财富的贪欲，加紧对农奴的剥削，引起农奴的反抗，而人力的不足又会加强农奴反对运动的势头。政治权力的分配方式愈来愈和各阶级力量的对比相脱节，群众普遍骚动造成了某些野心家乘时崛起的机会。他们提出能够满足渴望政治变革的平民要求的政治纲领，集结一批平民武力推翻贵族，把政权夺取到自己手里，然后像君主一样（虽然往往不称"王"，而用终身执政官、独裁将军之类的称号）一人独揽政权。然而，他们当政期间，却能够实行有利于平民和农奴的政策，和某些合乎时势需要的政治经济的变革。

　　古代希腊的僭主政治之风最初也是从小亚细亚传过来的，而且，早期的僭主和晚期的即伯罗奔尼撒战后的僭主，在性质上和所起的历史作用上又有很大的区别，下一章，我们对此还拟做一些比较系统的说明。这里只想介绍一下西息温、麦加拉、科林斯三邦僭主政治的约略经过。这三个城邦，僭主夺取政权最早的是西息温。西息温和麦加拉原有称为"泥腿子""穿羊皮

的""拿棍子的"农奴阶级，大概是被征服的多里安人，古代作家把它们比之于斯巴达的黑劳士。西息温僭主奥萨哥拉（Orthagoras）出身贫贱，他上台后解放了这些农奴，对多里安人则加以侮辱，对他们的三个部族给以牧猪奴（Hyatae）、牧驴奴（Oneatae）、牧豚奴（Choireatae）等侮辱性的名称，并把非多里安人的部族名称改为"万民之主"（Archeloi），这些名称居然沿用了二百年。科林斯僭主居柏塞卢（Cypselus）兴起以前，贵族巴枯氏（Baechiads）氏族执政，他们首创西向殖民。公元前八世纪末，科林斯执掌希腊的海上霸权。公元前七世纪初，阿尔哥斯的裴登王兴起，科林斯发生内讧。公元前664年，科林斯和它的殖民地科西拉发生海战，统治集团威望大降，居柏塞卢取代了贵族政权。居柏塞卢本身也属于统治的巴枯氏氏族，他和继位的儿子伯利安德（Periander）（希腊七贤之一）进行了一系列改革，解放农奴，提高工商业的地位，改革货币制度，大力造船，开凿运河，修筑道路，奖励科学艺术等等，使居勃来底斯（Cypleids）朝的科林斯成为当时希腊世界的第一流国家，和米利都的僭主司拉绪布卢（Thrasybulus）甚至和埃及的法老王都维持着友好的亲戚的关系。这些僭主政权最多不过持续三代，旋即被民主政治或贵族政治所取代。然而即使代替它的政治制度，按亚里士多德的说法还应称作"贵族政制"，古代的秩序是再也恢复不过来的了，一切改革基本上都保持了下来，其中属于社会政治制度的，有农奴平民上升成为公民、成文法典的公布等等。从此以后，执政者即使是贵族，也得对公民大会和公民选出的议事会负责了。

工商业城邦卡尔西斯，虽然没有被征服人民后代的农奴，在此期间,也出现过僭主。

斯巴达和拉凯戴孟同盟

也是多里安人国家的斯巴达所走的是截然不同的另一条道路。

斯巴达在多里安人征服时期占领了拉哥尼亚地区,该地区位于伯罗奔尼撒岛南部欧罗达(Eurotus)河谷平原,土地肥美,然而,没有良好的海港,所以,它从来是一个农业国家。入侵之初,征服者和当地居民关系如何,史料缺乏,难有定论,也许拉哥尼亚周围的"边区居民"就是最后被征服者的苗裔。他们是自由民,然而不是斯巴达的公民,他们有自己的市邑,在这些市邑中他们拥有某种程度的自治权,但他们无权参与斯巴达军政大计。他们要向斯巴达国家交纳贡赋,他们的市邑有时驻有斯巴达的军队,有斯巴达派来的监督,修昔底德所介绍的锡西拉岛的状况,[①]也许可以代表一般边区居民和斯巴达的关系。拿我们所熟悉的中国历史来比拟,边区居民是斯巴达的"藩属"。这种关系是不是征服初期就这样确定下来的？中间有什么变化？在美塞尼亚征服之前,斯巴达人是不是自己耕种他那一份土地的自由农民,我们都不知道。

公元前八世纪,正好科林斯陶瓶盛销希腊世界,西去的航路开通,意大利和西西里岛上多里安人的殖民运动如火如荼地进行,海上贸易和商品货币经济蓬勃发展的时候,斯巴达征服了它

[①] 参看修昔底德:《伯罗奔尼撒战争史》,第297页。——原编者注

的邻邦——希腊人的国家（多半是公元前十一世纪多里安人征服时代剩下来未被征服的迈锡尼故国）美塞尼亚，当地居民全部沦为农奴，这就是人所共知的黑劳士（Helots）。这个名词也许起源于美塞尼亚的一个城市黑劳士（Helos，见于荷马《伊利亚特》的船舶目录）。这次征服之后，斯巴达夺得了拉哥尼亚以外另一片广大富饶的农业地区，这片地区面积几乎和拉哥尼亚一样大。两三个世纪之内，斯巴达曾经沉溺于和平富裕的生活之中，以致特尔斐（Delphia）神庙的一次神谕把斯巴达的贵妇风姿和阿尔哥斯的勇武战士（关于阿尔哥斯当时的武功，见下文）同列为希腊世界的第一流事物之中，现存的诗人阿尔克曼（Alcman）抒情诗《少女之歌》残篇，也显示出那个时代斯巴达贵族家庭中少女生活之美。地下发掘所得文物，证明那个时代有出身小亚细亚的诗人居留在斯巴达并创作了优美的诗歌，地下发掘证明那个时代斯巴达还有自己生产的精美的陶器。所有这些，都是和当时希腊先进的文明世界的时代潮流相一致的。

但是斯巴达的这种"繁荣"，并不是依靠自身的经济发展，而是建立在剥削被压迫、被征服人民的基础之上的。残酷的剥削引起反抗，公元前七世纪中期，美塞尼亚发生了规模壮阔的革命运动，斯巴达人用全力来扑灭这次革命。所谓的第二次美塞尼亚战争历时二十多年，传统说，战争期间如此之长，动员规模如此之大，斯巴达的男丁悉数从军，战争结束归来时，后方的妇女和边区居民"私通"生下来的"私生子"都已经成人了。这些私生子被斯巴达人驱逐出去，移居意大利南部的塔林顿（Tarentum）。

长期残酷的第二次美塞尼亚战争以斯巴达的胜利而告终。美塞尼亚再度被征服，一部分人移居海外，其余被征服的人民一

第四章 希腊本土的城邦化与集团化

直处于称为黑劳士的农奴地位。可是这一次战争大大提高了斯巴达人的警惕，为了防止"叛乱"，保持征服所建立的秩序，从此，黑劳士永远处于严格的监视之下，斯巴达的男人则从小就处于严酷的军营生活之中。斯巴达不是一个城市，而是一个军营。由于一切艺术文化会松弛这种恒久的警惕与严酷的军营生活，于是，斯巴达人从此就不要艺术文化了。严酷的军营生活要求一种军事共产主义的生活，商品货币经济会瓦解这种秩序，斯巴达人从此禁绝贵金属在国内流通，交换媒介只准用笨重的铁块……

这就是传统所称道的来库古（Lycurgus）的立法。其时在公元前七世纪末，大约和雅典的库隆暴动同时。来库古的"口传约章"（Rhetra）规定，斯巴达公民家庭新生的婴儿要送给长老，经过检查，若认为不宜让他生存，就抛到泰革托斯山峡的弃婴场（Apothetae）。强健的可能长成为良好战士的婴儿才许养育成人。青年人终年不穿鞋，大部分时间生活在团队（Agelé）里，从事体育锻炼，运动，学习语文。少年人和青年人都奉命去做苦工，并且必须绝无抗议、绝无怨言地去完成。成年公民每人领受一份分地，由黑劳士耕种，他们依照斯巴达人的分地被规定十人至十五人一组，向公民交纳实物贡赋——大麦、猪肉、酒和油。公民不得从事生产劳动，他们必须参加公餐（Syssitia），不论贫富都吃一样的东西，每人交纳定量产物给公共食堂供公餐之用。全部公民都是战士，平时都生活在按军事编制的集体里，军事操练一直不断。斯巴达人在美塞尼亚战争中发展出来的一套恒常防卫农奴"叛乱"的制度，使得斯巴达的重装步兵成为整个希腊世界最精锐的军事力量。他们还相应地建立起来一套集体主义的、不怕个人牺牲的、以军事荣誉重于生命的精神进行训练的制度。古希腊历史家希罗多德告诉我们,希波战争中防守温泉关的斯巴达王李奥倪达部下三百战士全部战死,其中有两个人因患病得李奥倪达允许离军,一人闻警返阵战死,一人生还本国,受到全民蔑视,后来在布拉底(Plataea)战役中奋勇作战,才洗刷了污名(Ⅶ,229—231)。

斯巴达的两个王统率国军(在征伐时由二王中的一王统率),审判主要有关家族法的案件,执行某些祭礼。斯巴达的最高政治机关是长老议事会,长老是由公民大会从有势力的斯巴达氏族中选举出来的。公民大会另选出五个监察委员,后来监察委员发展成为超乎议事会之上的寡头机关:他们陪同国王出征,监视王的行动;他们负责征募国军,决定一切政策,后来又掌握司法裁判权。不过监察委员还得对公民大会负责,宣战媾和等重大决定要由公民大会通过。塞尔格耶夫说:"斯巴达的宪法,对斯巴达公民来说是民主制的,但是对附庸民族来说就是寡头制的。"(《古希腊史》,第162页)

斯巴达的全权公民最多的时候不过一万人,到公元前五世纪时就不到六千人了。军队以公民组成的重装步兵为主力,边区居民从军组成辅助部队,黑劳士也要从军,任军中杂役,伯罗奔尼撒战争中人力不足,有黑劳士参加重装步兵。有一次,在美塞尼亚形势十分不稳的状况下,监察委员佯称要解放参战有功的黑劳士2,000人,让他们戴上花冠参加祭典,同时暗中组织青年公民发动一次"特务行动",这2,000人从此就不知所终了。

这次"特务行动"终究是非常措施。以黑劳士的身份而论,他们要交纳实物贡税,但他们有自己的家计,他们分属于各个公民;然而他们不能被出卖,不像"买来的奴隶"那样是"会说话的工具",显然他们是农奴。对此国内史学界有过激烈的争论。后面还准备专门加以讨论。

拉凯戴孟同盟

斯巴达征服美塞尼亚,使得它成为按古希腊标准而言的领土十分广阔的国家,这已经是希腊本土政治上一种"集团化",然而它还没有从此停止下来。

斯巴达于征服美塞尼亚之后,曾想继续兼并它的邻邦,公元前六世纪前半,斯巴达进攻它北面的阿卡狄亚,尤其觊觎特格阿(Tegea)这块富饶的平原,战争持续了三十年(约公元前590—公元前560年),征服没有成功。当领导战争的两个王死了,新王即位时,变兼并政策为"强迫结盟"政策。又经过一两次战役,特格阿同意与斯巴达结盟。公元前六世纪中叶,波斯进犯的危机已经隐约可见,斯巴达有意识地扩大它的结盟政策,开始是阿卡狄亚,其他城市陆续加盟,成立拉凯戴孟同盟(Lacedemon League,正式名称是"拉凯戴孟人和它的同盟者"。拉凯戴孟是斯巴达的别称),以后,伯罗奔尼撒半岛西北的伊利斯和科林斯地峡上诸邦也陆续加入。这是一个军事同盟,伯罗奔尼撒半岛全部,除阿尔哥斯和亚该亚(半岛北面濒临科林斯湾的一个狭长地区)而外,诸国全部参加在这个同盟之内。加盟诸国对盟主不负担贡赋,仅在战时结成联军,联军的统帅为斯巴达人。伯罗奔尼撒半岛历史上一直是希腊本土政治军事力量的中心,这个地区通过同盟的道路结成集团,使得它在波斯进犯面前自然而然成为抵抗运动最后的也是最坚固的堡垒(见第六章)。

斯巴达兼并政策的失败

同属多里安人国家的科林斯地狭诸邦,采取发展工商业、对外殖民、解放农奴的路线。僭主伯利安德(居柏塞卢之子)在位的时候,科林斯的经济文化冠绝一时,是雅典以前希腊最强大的海军国家,它对西西里的叙拉古等城邦,则几乎从头到尾一直保持一种精神上的领导地位。而斯巴达则在整个希腊世界忙于对外的殖民扩张和建立一种新的高度文明的时候,征服邻近的希腊人国家,并且为了镇压反抗的被征服人民使他们翻不了身起见,建立了当时的希腊世界所没有的,也是后代一切国家所未见的严格(所谓"严格",对征服者和被征服者两方面而言都是适合的)的秩序——这是历史上罕见的现象。它的公民的那种不怕个人牺牲的高度集体主义精神,它的蔑视财富、放弃艺术与文化,它的平等主义的公餐制度等等,博得许多古希腊思想家的赞美。柏拉图的《理想国》所理想的政治和社会制度就以斯巴达为其原型。但是斯巴达的这种秩序并不能一直保持下去,伯罗奔尼撒战争中,以其军事威力建立起的斯巴达帝国,被外面花花世界所诱惑,败坏了这种制度的根本。公元前四世纪,斯巴达累败于忒拜同盟名将埃帕梅农达斯之手,美塞尼亚获得解放,阿卡狄亚诸邦脱离拉凯戴孟同盟。斯巴达国内秩序败坏以后,虽有阿吉斯四世(Agis Ⅳ,公元前245—公元前241年)和克利奥米尼三世(Cleomenes Ⅲ,公元前235—公元前212年)等王屡谋改革,还是一事无成。斯巴达和它的严格秩序和希腊诸城邦一样,消失在历史的洪流之中。

第四章 希腊本土的城邦化与集团化

在斯巴达的历史中,有一个对我们来说很有兴趣的问题,那就是为什么它一度实行兼并政策,而且征服了美塞尼亚却又半途而废,改为实行同盟的政策?关于这一点,有人以希腊人爱好自由,为维护国家独立而战不怕牺牲来解释。我们姑且承认这一点,然而仅此一端,也还不足以解释此种现象。吕底亚王国进犯小亚细亚诸城邦,许多城邦旋即纳贡称臣;波斯军进犯希腊,希腊本土北部、中部诸国都屈服了,还派兵参加进犯的波斯军。屈服的希腊城邦固然没有沦为郡县,至少是从独立国家贬低到了藩属的地位,可见希腊诸邦在强大的军力面前并不是永不屈服的。问题是:斯巴达之对美塞尼亚和波斯之对希腊诸邦所要求的条件不一样——后者以对方降为藩属为满足,前者则彻底摧毁被征服国家的统治阶级及其政治组织,不加利用,又不去提高这些国家原来被统治的平民的地位,从中吸收力量使之为征服者所用,或者进一步使之成为征服者统治阶层中的组成因素,虽然绝不是占重要地位的因素。斯巴达对被征服国家的各阶层人民似乎是一律加以奴役,并且在征服者和被征服者之间建立起一种森严的等级界限,世世代代不得逾越,从而征服者的统治阶级自身也必须世世代代处在永久的警惕之中,这和帝国主义政策所不可缺少的对所统治各民族"兼收并蓄"的方针是背道而驰的。这种政策,在一次征服中树立了范例以后,自然会使它的第二次征服对象上下一心,誓死抵抗,兼并政策也就再也行不通了。

斯巴达在政治上还有另一种传统,即坚定地维护立宪主义的贵族政体,它对僭主政治和民主政治一样感到厌恶。它的这种传统政策,使它在伯罗奔尼撒战争中摧毁了进入它的"帝国"

范围一切城邦的民主政体，到处树立亲斯巴达的贵族政体。这是公元前五世纪末至公元前四世纪初的事情，在公元前六世纪，它促成了科林斯地峡诸邦推翻僭主政体，对雅典的僭主政体的倾覆，也尽了一臂之力。大略经过，后面还要扼要介绍。

特萨利亚

特萨利亚是希腊本土集团化的另一个例子。它的社会结构类似斯巴达，其政体则和斯巴达迥然不同。

特萨利亚拥有希腊本土最广阔的平原，它的领土面积约十倍于雅典，居统治地位的特萨利亚人，是多里安入侵时期武力侵入的一支西北希腊部族，当地居民是操爱奥里斯方言的迈锡尼旧民，征服者在语言上被当地居民同化了，然而他们是特萨利亚的贵族。当地居民，一部分移居海外，一部分退入平原周围的山区，以后成为特萨利亚的边区居民，他们享有的自由，比斯巴达的边区居民要多一些。留居平原的被征服者沦为农奴，称为"珀涅斯泰"（Penastae），其地位和斯巴达的黑劳士相同，不过所受监视要轻微一些。

征服者在特萨利亚平原周边山麓或平原中央丘陵上筑成城堡，统治周围被征服的农奴和纳贡的边区居民。每一个城堡有一个巴西琉斯，各自独立成王，不相统属。公元前七世纪以后，王政消失，代之而兴的贵族，虽然还不时发生内讧，居然以政治家风度合作起来组成了特萨利亚"联邦"。联邦制度细节没有资料可凭，大体上是分布于特萨利亚的无数小城市分别联合成为四个瑞士自治州（Canton）那样的地区联合组织，每个州设有一个选举产生的政治权力机构,称为Tetarch,这四个州又联合产生一个特萨利亚的"联邦政府",称为Koinon,首席行政官称为Tagus,是不限资格地从诸城市中互选出来。州的Tetarch和联邦的Tagus的职能主要是军事上的,各城市各别独立治理它的内政。自治州的Tetarchs是常设机构,Tagus看来唯有在紧急情况下才选举出来统率"联邦"军队。所谓"内政",其实也十分简单。因为特萨利亚除农奴制土地贵族而外没有什么工商业,独立的自由小农人数也少。镇压农奴("珀涅斯泰")和边区居民的反叛显然是建立州和联邦机构的主要目的,不过在有了这些机构之后,特萨利亚的军威也曾在不同时期震慑过它的邻邦。

  特萨利亚的政治权力似乎基本上限于贵族,贵族又并非集合居住于一个城市,而是分散据有各自的小城市和城堡。它的重要城市有拉利萨(Larissa)和克拉龙(Cranon)。它的军队是贵族的骑士军,在马镫没有发明以前①,骑士在重装步兵面前不是决胜的兵种。它长期来一直处于领有农奴的贵族的专政之下,内部等级森严,直到亚里士多德的时代(公元前四世纪后期),某些特萨利亚城市的分居平民(Demos)还不许涉足于政治集会场所。所以,这个希腊本土领土最广的"大国",在希腊史上所起的作用不大。波斯军侵入的时候,它首举降旗。亚历山大征服波斯的时候,特萨利亚的骑兵是亚历山大远征军中的重要组成部分。

  看来特萨利亚确实是一个领土国家而不是一个城邦。它的

---

① 马镫的利用,无论在中国或欧洲,都已经在中世纪了。没有马镫的骑兵,是赵武灵王"胡服骑射"的骑兵,威力在于"骑射",不能作马上白刃战,所以抵不过带甲、持盾、持矛集团作战的"重装步兵"。

政制的某些方面确实受到了城邦的影响,例如王政的消失、贵族阶级的联合、贵族阶级内部的某种民主惯例等等。不仅如此,根据亚里士多德《政治学》的资料,特萨利亚的主要城市拉利萨后来也有城市公民和城市公民民选行政官员的制度,这大概已是比较晚期的现象。拉利萨和克拉龙二城实际上从来是广阔的特萨利亚领土国家的政治中心,是特萨利亚各地贵族所组成联邦的都城,而不是以其本身为主体的"城市国家"。一个联邦的都城的城市管理采取某种"城市自治"的形式,而不像我国的历代皇朝把都城的城市管理交给帝国的官吏(如清代的"九门提督"),在后世的西方诸国是常例。历史地说,这是城邦制度的流风余韵,特萨利亚的拉利萨市的制度,也许是这种现象的第一个例子。

雅典的统一运动

后来成为希腊文明中心的雅典,兴起的时间比科林斯、斯巴达都晚,留下来的史料较多,研究得也比较详细,它演变为城邦的过程比较典型,分别在本章与次章加以介绍。

雅典所在的阿提卡地区,面积二千多平方公里,只相当于我国纵横百里的一个大县,然而在古希腊的条件下,这已是有内陆纵深的一个地区了。它分割成几个小平原(马拉松平原、埃琉西斯平原和雅典平原)和几个山区,最南端的劳里翁(Laurium)山区在古典时期有著名的银矿。后期迈锡尼时代,阿提卡密布着小巴西琉斯的城堡,其中雅典和埃琉西斯长期彼此敌对,筑着长城互相防卫。这个地区成为希腊最杰出的城邦,第一个步骤是

第四章　希腊本土的城邦化与集团化

历史上著名的统一运动(Synoe Kismos)。

统一运动的实质是阿提卡境内各独立城市(或城堡)全部撤销其独立性,把分散的政治权力集中到雅典一个城市中来。传统把这一历史任务的完成归功于有勇有谋的提秀斯王(Theseus,参看普鲁塔克:《提秀斯传》),后来史家则对之做了比较切实的解释。他们认为,所谓统一运动实际是雅典以外各城市(或城堡)的贵族集中住到雅典城来,组成阿提卡的贵族议事会,统治整个阿提卡地区,而且这件事情不是一下子完成的,是经过了一个漫长的过程的——开始是少数几个城堡的贵族集中于雅典,向雅典集中的城堡逐步增加,最后与雅典长期敌对的埃琉西斯也合并进来,统一运动才告完成。多里安人入侵时代,阿提卡地区始终未被侵入,这已为史家所公认,据此,我们也许可以推测,多里安人入侵也促成了阿提卡的统一运动。古希腊史家斯特累波(Strabo)说,雅典王梅朗淑(Melanthos)之子科德罗斯(Codrus)在抵御多里安人入侵的战争中阵亡(参看吴寿彭译亚里士多德《政治学》,第229页译注)可以作为间接的证据。阿提卡陆上邻邦西面是麦加拉,属多里安集团,北面是彼奥提亚,属爱奥里斯集团,历来和雅典都不友好,阿提卡境内诸城合并成为一个统一国家是形势促成的。有的史家还认为这个过程开始于公元前1000年,最后完成之时,在公元前700年前不久,看来是有相当理由的。

初期雅典的政制,塞尔格耶夫介绍如下:

"数百年来,统一的阿提卡的最高统治权,是属于雅典的巴西琉斯的,在公元前八世纪左右,雅典的王权绝迹了。

据传说，雅典最后一个巴西琉斯是科德罗斯。王权消灭之后，雅典的首脑便是从'贵族后裔'中选出来的执政者，即所谓'执政官'（Archons）。初时，执政官的任期是终身的，后来就十年改选一次。初时，只选一个执政官，但大约在公元前六世纪中叶，便有'执政官九人团'的组织：（一）首席执政官（即正式的执政官），初时掌握大权，但后来权力也受限制；（二）祭仪执政官（即巴西琉斯），主要是尽祭司的职责，兼处理有关宗教崇拜的审判事宜；（三）军事执政官（即元帅），是雅典国民军的领袖，兼司邦交大事；（四）其余六个司法执政官，乃是法律的维护者，兼各种审判委员会的主席，执政官是尽社会义务而受报酬的。……任职期满以后，执政官便入'元老院'（Areopagos），即国家最高议事会……"（《古希腊史》，第174—175页）

看来，这和我们在小亚细亚殖民城邦所见到的贵族寡头政制是完全一样的。这时候的公民（Polite，即"城邦的人"）看来仅限于集中住在城内的特权贵族，住在"村场"[Demos，此词为希腊语民主政治Democraey的语根，并参见次章介绍雅典克利斯提尼（Cleisthenes）立法一节]内的平民恐怕是不算在"城邦的人"（公民）的范围之内的。

雅典虽号称为最初伊奥利亚诸殖民城邦如米利都、埃弗塞斯等的母邦，然而初期殖民过去之后，它就不再去创建什么殖民城邦，而且，直到公元前六世纪初梭伦改革以前，它的工商业也似乎没有什么重大的发展。阿提卡本来是比较广阔的一个地区，此时的雅典基本上是务农的，比之同时代的科林斯、卡尔西斯诸邦迅猛的对外殖民而言，它的人口外流似乎也是微不足道的。贵族的阶级统治，人口的日益增加，必然导致贵族对平民剥削的日益加重，这就是库隆暴动和梭伦改革的背景。另一方面，人口外流不多，人力保持于国内，也是后来雅典得以成为抗击波斯进犯的骨干力量的原因。

雅典走上统一运动和贵族统治的道路是不是受到海外殖民城邦的影响，古典时代的希腊史家如希罗多德、修昔底德等毫未提到，近代有些史家论述它的原因的时候，往往归之于内部生产力的发展。多里安人入侵以后漫长的数百年间，雅典经济毫无疑问会有某种程度的发展，但直到统一运动完成，贵族统治确立之时，雅典还是一个产粮的农业国家，而不是园圃的农业国家。它虽有优良的海港，但它的海外贸易还不及一个小岛埃吉纳，它的陶器工业远未发展，当时优美的科林斯瓶还在称霸希腊世界，所以它的政治改革的推动力得自经济发展的，当远较科林斯、卡尔西斯等城为微弱。另一方面，雅典号称伊奥利亚诸海外城邦的母邦，它跟那些城邦的交往应该是比较密切的，所以，有理由推测，雅典的贵族从海外殖民城邦当政的贵族那里学到了关于各种新型国家的知识。阿提卡境内诸小城邦的贵族共同抵御外族入侵的要求，加上经济的发展以及其他许多我们不知道的原因的相互作用，使得雅典还在变成工业和商业的城市以前就组成了一个单一城市领导周围比较广阔农村地区的国家。我们有理由推测，这个城邦务农的平民，初期还算不上是城邦的公民。史料表明，梭伦改革以前，这些平民的处境是贫困而悲惨的。激烈的阶级冲突，引起了骚乱暴动，出现了立法者和僭主，当人民群众的力量强大到足以推翻僭主统治的时候，就形成了希腊史上著名的雅典民主。因为这个过程在希腊各邦中具有典型的意义，当在次章内做比较详细的介绍。在这个过程中，雅典发展了商业和手工业，它的经济力量逐渐超过了科林斯和卡尔西斯，而在民主政体下，它又拥有为数较多的务农的公民，得以招募一支较大的公民军，这又是雅典军事威力的来源。希腊本土诸城邦中，唯有雅典兼具这几个因素，它之成为希腊文明的中心，并不是偶然的。

阿尔哥斯和克里特

阿尔哥斯占有迈锡尼时代的王畿（亚加米农本人的王国），它最初在多里安人诸邦中占有领袖地位。多里安人征服之初，它还得以在某种程度上支配科林斯地峡上诸邦，传统还说，那个时候存在过一个阿尔哥斯"帝国"。公元前八世纪中期，阿尔哥斯的霸权衰落了，公元前七世纪阿尔哥斯在斐登王统治下武功很盛，打败过斯巴达和雅典，实行过币制改革。亚里士多德说斐登"起初为王而终于做了僭主"，大概他在国内实行过个人的专制统治。这个传统的部族王国以后也成了"主权在民"的城邦，它国内除阿尔哥斯这个城市而外，还有阿欣（Asine）、太林斯（Tiryns）等重要城市。各城市间的关系如何，已经难于稽考了。

阿尔哥斯东南有特洛真（Trozen）、赫尔米温（Henmione）、埃彼道鲁斯等小国，濒临阿尔哥斯湾或萨洛尼克湾，面积不大，都是科林斯类型的单一城市的城邦，在历史上没有起过什么作用。

克里特岛为多里安人占领后很快分别建成四十个城邦，据说后来还达到过一百个。

彼奥提亚、福西斯、洛克里斯

公元前四世纪一度掌握希腊霸权的彼奥提亚，位居希腊中部，南邻阿提卡，以土壤肥沃著名。迈锡尼时代彼奥提亚已是比较发达的地区，建有某些迈锡尼统治下的小王国的城堡，后来的底比斯、奥科美那斯等城市大概就是在它们的旧址上发展起来的。历史时代的彼奥提亚传统说是入侵者的旧裔，但是假如确实有过外族征服的话，征服也没有留下什么严格的阶级界限，按照著名的希西阿的《劳动与时令》诗作来看，自耕的自由农民在公元前八世纪就居于主要地位了。彼奥提亚的王政消灭得很早，希西阿诗中的巴西琉斯，有的史家认为也许指的是贵族。彼奥提亚原先有许多独立的小公社，它们之间很早就有同族性质的联合，还有泛彼奥提亚的宗教庆典，又因为那是希腊本土的四战之地，古典时代多次战争都会战于它境内，这种容易遭到外敌入侵的环境，促使它趋向于合并成为一个联盟。组织联盟的盟主是底比斯城。为了组成彼奥提亚联盟，底比斯城还对某些城市进行过战争。公元前550年，除奥科美那斯和布拉底两城外都加入了联盟，几十年以后这两个城市也加盟了。联盟的政治机构称彼奥塔斯(Boeotarth)。加盟城邦各自保持独立。

位居彼奥提亚之东、南临科林斯湾的福西斯，地域不大，居民分散于二十个左右的小市邑中，希腊世界的宗教中心特尔斐神庙就在它境内。公元前590年，福西斯的两个市邑为了神庙周围一块土地发生了争执，特萨利亚以这次事件为借口，干预、占领了福西斯。许多希腊城邦联合起来驱逐特萨利亚人，福西斯在其中起了主要作用。在此以前，福西斯各市邑之间本来就有部族性质的联合，战争中发展成为比较巩固的统一国家，按其性质而言，也可以称为福西斯联盟，不过加盟的小市邑独立性不强，未必具有独立城邦的性质，所以福西斯国家，其实是自治的市邑联合组成的领土国家。

洛克里斯邻近福西斯和彼奥提亚，它以奥布斯（Opus）城为中心，经过雅典那样的统一运动建成为城邦。

农村地区的建城运动

以上列举诸城邦，多数由旧时城堡发展成为人民聚居的城市和城邦。本土城邦的最后一种类型，是原来的农村地区建立城市，发展成为城邦，这可以称为建城运动，阿德科克称之为"狭义的统一运动"。他说：

> "这里那里的诸村落的共同体，通过深思熟虑的行动，放弃村庄合居一处。这个过程是狭义的'统一运动'，我们知道这种统一运动在东部阿卡狄亚（Arcadia）是怎样起作用的。东部阿卡狄亚分为两个村居共同体的集群，每一个集群原来都拥有一个筑城的避难所，北集群的称为城（Polis），南集群称为堡（Fort）。也许因为害怕斯巴达人的侵略，南集群联合起来组成了特格阿城邦，不久，北集群就组成了曼底涅亚（Mantinea）城邦。曼底涅亚统一运动的理由在于害怕南邻的军事力量，这个理由因渴望控制平原北部的水源又加强了一层。出于同样的原因，赫赖亚人

（Heraeans）由于伊利斯（伯罗奔尼撒西北的多里安人城邦）人愈来愈明显的侵略倾向被迫建立了赫赖亚城邦（亦在阿卡狄亚境内）。只要密迩别的城邦，无疑就能触动村居的共同体起而模仿，希腊西北部［指阿开那尼亚（Acarnania）、埃托利亚（Aetolia）］诸城邦，看来是从那里出现一系列科林斯的殖民地以后，才陆续形成的。"（《希腊城邦的兴起》，*The Growth of the Greek City-states*）

古代希腊晚期，亚历山大征服以后的希腊主义时代，兴起了亚该亚同盟（以伯罗奔尼撒半岛北部濒临科林斯湾的亚该亚为中心）和埃托利亚（在中部希腊的西侧）同盟。这两个地区都是山区，古典时期，它们都是落后地区。当滨海的先进的工商业城邦已经经过了奴隶制经济的极盛时代，因内部激烈的阶级矛盾而陷于分崩离析的境地的时候，自由农民居主导地位的这些山区，于是建立城市，组成同盟，起而占有希腊本土的支配地位。不过那时已是罗马征服的前夜，希腊人在政治军事上不久就退出历史舞台了。

近邻同盟

希腊本土的"统一运动"或"同盟运动"，从来都是局部的，全希腊的组织全是宗教性质的，其中最重要的是近邻同盟。

近邻同盟（Amphictyonic League, League of Neighbours）以特尔斐神庙为中心。特尔斐神庙祀奉阿波罗（Apollo），神庙的渊源很古，可以追溯到亚该亚人来到希腊的时候，后来成为希腊三个人种集团爱奥里斯、伊奥利亚、多里斯共同的宗教中心,特尔斐的阿波罗神谕甚至为"蛮邦君主"(如吕底亚、埃及)所信任。近邻同盟原是围绕温泉关附近地母(Demeter)神庙而设立的邻近诸邦的同盟,不清楚同盟的起源和其目标如何,反正它要求加盟诸邦在发生战争时不得切断对方的水源,不得毁灭对方的市邑。鉴于其称为"近邻",究竟最初的加盟诸邦,在兹帕尔克俄斯(Sperchus)河和塞费苏斯(Cephisus)河上游诸共同体之外,是否还有别的,是可疑的。不过到公元前600年的时候,同盟包括了北部和中部希腊的全部人民,其中有特萨利亚的四个州,有福西斯人、彼奥提亚人、洛克里斯人、多里斯的多里安人(残留在中部希腊的多里安人小邦)、优卑亚的伊奥利亚人和历史上仅见名称而没有史料参考的三个小邦多利普(Dolepes)、马里(malians)、伊纳斯(Aenians)人。不久发生了所谓第一次神圣战争,特尔斐神庙原由克利塞(Crisa,属福西斯的一个小共同体)管理,战争的结果,神庙归近邻同盟保护。近邻同盟的年会也移到特尔斐来召开。此时特萨利亚在近邻同盟中占绝对优势,福西斯也处于特萨利亚的军事占领之下。后来各邦协力驱逐特萨利亚占领军,近邻同盟的成员随之扩大,雅典、斯巴达、西息温等都成为加盟国家。扩大的近邻同盟此后还在特尔斐主办"皮提翁庆节"(Pythium Festival),有音乐竞赛,后来又增设体育竞赛,这大大提高了特尔斐神庙的地位,使它成为团结希腊人的中心地点。近邻同盟则逐渐从宗教性的联合转为政治性的国际性的联合。这绝不是一个超国家的组织,只是希腊世界各主权国家通过这个同盟发生了集体性的相互接触,有助于发展出一些国际惯例而已。

奥林匹克庆节

另一个纯粹宗教性的"奥林匹克庆节"更负盛名,现代的国际奥运会自称是继承了它的传统的。庆节每四年一次,第一届奥林匹克赛会早在公元前776年举行,它由伊利斯主办,最初参加的不过是近旁少数几个国家,以后逐渐扩大;到历史时代,即使很少参与希腊世界政治事务的远方诸邦,如黑海和"远西",也都热心参加那里的竞走、角斗、战车竞赛等运动。竞赛的胜利者获得桂冠或橄榄冠,且有立像的权利,所属城邦亦引以为荣。诗人与雄辩家也参加奥林匹克赛会。公元前四世纪,煊赫一时的西西里叙拉古僭主自炫诗才,派人在奥林匹克赛会上朗诵他的诗作,竟备受讥嘲。为了保证赛会的举行,希腊诸国协定,赛会期间交战中诸国一律要停战若干天。这种盛大的庆节,显然大大促进了希腊统一文化的形成,加强了希腊民族的团结,事实上它是希腊世界中主权国家的城邦制度之外另一个重要的政治因素,它对后来的历史事变是产生了极深刻的影响的。

第五章

公元前八世纪至公元前六世纪的希腊世界
——城邦制度的最后完成

第一节 总述

以本土为中心的希腊世界的形成

公元前八世纪至公元前六世纪，希腊世界发生了剧烈的变化。变化的第一个方面是，这二百年间，希腊人从小亚细亚及本土出发，殖民于东西南北。古典时代以本土为中心的地中海上的希腊世界，就是在这个时期形成的。希腊人的这个大移民运动，一方面在移民区域碰到了激烈的竞争者和对手，一方面又是东方的内陆帝国对小亚细亚希腊人军事进犯的结果，所以，大移民固然是希腊人的海外扩张，其中一部分人民属于"避难移民"的性质。变化的第二个方面是，希腊本土结束了多里安人入侵的漫长数百年间的"黑暗时代"。本土诸邦，在此期间城邦化了，也集团化了，加以从东面来的外敌侵犯，"黑暗时代"曾经是希腊文明中心的小亚细亚，现在丧失了它的中心地位。希腊文明和希腊历史事变的中心,在此期间移回到了本土,虽然雅典中心地位的确立,还在希波战争之后。以上两个方面,前两章已经多方面涉及,然而未做系统的介绍。本章第二节将就国际环境、大移民、海外城邦,第三节将对以雅典为中心的希腊本土的状况,做比较系统的介绍。由于希腊史的多中心的特点,以上介绍与前两章虽有不少重复之处,看起来还是节省不了的。

希腊世界的经济变革

大移民与本土的城邦化及集团化所形成的以本土为中心的希腊世界,是由无数自治自给的蕞尔小邦组成的。各个区域的外部条件各不相同,每一个区域的各城邦的内部状况和历史演变过程也各不相同,但这个时期的有些变革,特别在经济方面,是共通于整个希腊世界的。

希腊人殖民于东西南北,每一个海外殖民地和本土的所有国家,固然各按当地的资源、交通条件和它们自己的历史传统,经营多种多样的经济生活,但是,大移民更突出了希腊的海上文明的特色。

"在希腊人的国民生活中,海洋所起的作用,有了确定的形式,并且升到了最重要的地位。殖民地靠近海洋,而且只有靠着海洋才能和它们的母邦往来。它们在政治上、经济上的独立,以及它们本身的存在,都需要有强大的船队。远在雅典掌握希腊诸海的霸权以前,科林斯、优卑亚的卡尔西斯、米利都、佛西亚、罗得、叙拉古、塔林顿(Tarentum,意

大利南端）和马赛，便都已有强大的商业舰队和武装舰队。"（杜丹，p. 29）①

海上贸易和海上交通的发达，反过来对希腊各殖民地城邦和本土诸国的经济，又产生巨大影响。它使本土诸国古老的自然经济，迅速转为商品货币经济；使海外和本土原先的工商业城邦，由于粮食和原料供给方便，而得以不受限制地扩大它们的工商业。同时，也使某些"单一经济"的殖民城邦，扩大多种经营，力谋自给自足。雅典本以粮作农业为主，大移民中及其后逐渐发展起来更加适合于其土壤条件（丘陵、沙地）的葡萄、橄榄、果园与其他园圃农业，粮食逐渐取给于进口。由于输出油和酒需要容器，因此它又迅速发展起陶器业，不久它的陶器就超过了科林斯。米利都、科林斯、卡尔西斯等很早就是工商业城邦，粮食原料供给充分了，使它们工商业的发展更加迅速。与此相反，有些殖民地建立之初，虽不过是一个商站，但因周围农业资源丰富，当它的人口因新移民的到来而日益增多时，就兼营农业。后来，它们逐渐发展成为自给自足的共同体，于是对母邦的依赖日益减少，并成了独立的城邦，这在前面已经说过了。

经济的迅猛发展，促成了贵金属铸币的应用。贵金属铸币的应用，反过来又影响了经济发展的速度。希腊人用贵金属条块作为交换媒介为时已久，但当时的交换媒介，除贵金属条块而外，还兼用牲畜、铜斧、铁块、铜制三脚架之类的实物，商品货币经济的发达究竟还受到一定限制。公元前八世纪，小亚细亚的

---

① 杜丹：《古代世界经济生活》。——原编者注

吕底亚王国开始用天然的琥珀金（金银合金）制成铸币，伊奥利亚诸城邦米利都、佛西亚、埃弗塞斯继起仿制，不久，裴登王统治下的阿尔哥斯，萨洛尼克湾上的埃吉纳、优卑亚和雅典也自铸货币。铸币材料，改用成色较高的金或银。[①]这种打制了某种固定图案、成色重量一致的小圆片，既便利了商品交换，本身又是代表一般意义的财富，连同弥漫于希腊世界的迅猛的经济发展，产生了重要的社会与政治后果。

贵族阶级寡头专政面临的新形势

我们由前一章知道，公元前八世纪初期前后，无论海外或本土诸邦，政权大体上掌握在贵族阶级手里，政制是寡头专政。以小亚细亚诸邦而言，各邦执政的贵族阶级奠定了自治自给城邦的基础，发展了对外移民，然而这些成就是在相对的和平状态下获得的，现在他们面临了强大的外敌侵犯的威胁，历史记录似乎显示他们对付这种威胁是无能的。"西方希腊"也有同样的迹象。就整个希腊世界而言，一切城邦在迅猛的经济发展面前，一般都出现了下述的社会与政治新形势，保守的贵族阶级，出于他们的阶级利害的考虑，更显得无法应付。

一、新的致富机会和贵金属铸币的使用所促成的金钱贪欲，

---

① 迄今为止，我国发现的金币，只有战国时代的楚，才有加上官方印记的小金块，称为郢爰。这是成色一致，但重量未必一致的金块，未必就是贵金属铸币。我国的古钱币都是铜（有时是铁）铸的刀、斧或"孔方兄"。用银元宝已经很晚了，银元是近代从西班牙输入的。战国时代有贵金属铸币的萌芽，秦汉以后从未发展起来，这显然是商鞅重农抑商政策的结果。

刺激了许多人做各种各样的冒险，或从事创造性的经济活动。一部分当政的土地贵族，利用权势取得了财富；同时也出现了贵族以外的工商业的富裕阶层，而他们是被摒除于政权之外的。这样，政治权力的分配和各阶级实际力量的对比之间，出现了矛盾，这种矛盾日益加剧。

二、经济发展和海外移民都造成了人力的不足，使得土地贵族难于掌握他们支配之下的人手。另一方面，商品货币经济的发展，刺激了土地贵族的金钱贪欲，从而使他们加深了对平民群众的剥削。梭伦改革以前雅典的状况，可以引为典型。

"（雅典的）贫民本身以及他们的妻子儿女事实上都成为富人的奴隶，他们被称为'被护民'和'六一汉'（即史家均释为须交农产品收获六分之五的分成佃农），因为他们为富人耕田，按此比率纳租，而全国土地都集中在少数人手里，如果他们交不起租，那么他们自身和他们的子女便要被捕；所有借款都用债务人的人身为担保，这样的习惯一直流行到梭伦时代为止。"〔亚里士多德：《雅典政制》，三联书店1957年版（下同），第4—5页〕

三、古代希腊以奴隶制著名，然而希腊的奴隶制起源于买来的奴隶（战俘，从蛮族那里买来的奴隶），并非起源于希腊社会内部的债务奴役。此时希腊诸城邦的平民群众，是大移民和经济扩张所不可缺的极其宝贵的人力资源。因此，上引雅典的严重情况，必定会引起社会骚动，引起暴动，剧烈的社会变革和政治变革就不可避免了。

第五章 公元前八世纪至公元前六世纪的希腊世界

希腊诸邦历史演变过程的多样性与一致性

以上所说的是一般情况。希腊诸邦的内外环境极不相同，各邦统治阶级对付新形势所采取政策也不同，有的成功，有的失败，各邦历史演变也就多种多样。在希腊本土，同属多里安人的国家，科林斯、麦加拉、西息温在新形势下大举移民海外，发展工商业，使得它们内部发生剧烈的社会政治变革，于是兴起僭主，推翻贵族，解放农奴；斯巴达则征服美塞尼亚，扩大了农奴的数量，加强了对农奴的镇压，为此建立了公民中严格的军营生活。从此以后，长期内经济和艺术文化的发展，是和斯巴达无缘的。再进一步，科林斯等邦的僭主政治，在斯巴达干涉下被推翻，建成了主权在民的政体，然而斯巴达的"战士－公民"的特权公民的"民主"制度，则数百年间保持不变。又如本土特萨利亚四周高山，贵族役使农奴耕牧于广漠平原之中，希腊世界的沸腾的经济生活与剧烈的政治变革对它影响微弱。它的政制虽然也因外部变化而有所变化，实质上一仍旧贯。

与此相反，多数海外城邦处在猛烈的经济变革的旋涡中心，又有外敌的侵犯，不能不发生剧烈的政治震荡。然而东方希腊和西方希腊所碰到的外敌力量强弱悬殊，从而小亚细亚诸城邦出现了波斯儿皇帝性质的僭主，西西里则出现了战胜迦太基人的西西里帝国。

以上是希腊诸邦历史演变过程的多样性。但除少数例外（斯巴达、特萨利亚在希腊史上确属例外），希腊诸邦历史演变过程也有其一致性。公元前八世纪至公元前六世纪这一段时间，各邦都处在大移民造成的经济环境之中,也都处在强大的外敌威胁之下。海外城邦在此期间,有的直接受到侵犯,有的与敌方发生了战争。本土诸邦,显然也已经感到波斯入侵的威胁。用历史眼光来看,本土诸邦此时期内的历史演变过程,具有不少应付迫在眉睫的事变的因素。而且,此时期内许多城邦出现僭主政体,继以推翻僭主,实行民主,又显出历史过程的某种一致性,虽然这个过程并非完成于公元前六世纪,要推迟到下一个世纪。有许多城邦没有出现僭主,而出现了立法者,有一些没有发生这类政治震荡,"和平"地进入民主政体。从整个希腊世界的历史来看,其间是可以找到某种规律的线索的。

贵族阶级的寡头专政,经过僭主政体,或经过立法者和民选调解官过渡到民主政体,也就是本文所探讨的希腊城邦制度的最后完成,本章第三、第四两节将对此略加介绍与探讨。

第二节 国际环境、大移民和海外城邦

吕底亚王国兴起与波斯帝国征服小亚细亚

小亚细亚初期移民的二次移民开始于公元前八世纪,或更早一些时候(均参见第三章),当时小亚细亚腹地没有什么强大的国家,那里的希腊诸城邦得以自由自在地扩展,达一个多世纪之久。大约从公元前八世纪起,紧邻伊奥利亚的内地兴起了吕底亚王国,王都在萨第斯,距海滨不过80公里。在基格斯(Gyges)篡夺吕底亚王位以前,这个王国似乎力量不大,还不足以威胁希

腊诸城邦。公元前八世纪，正是米利都开辟黑海航路、小亚细亚诸邦对外移民和海上贸易猛烈发展的时代。公元前八世纪末或公元前七世纪初，基格斯篡位，篡位后他立即进犯米利都和士麦拿，并攻陷了科罗封，显然并未久占就退出了。下一个吕底亚王阿底斯（Ardys）又进攻米利都，攻陷普赖伊尼（Priene），也未久占。公元前652年蛮族西墨里安（Cimmerians）进犯吕底亚，攻陷王都萨第斯，吕底亚一时衰落，若干年间无力进犯伊奥利亚希腊城邦。公元前七世纪末，亚述帝国被巴比伦、米地两王国灭亡，并瓜分了它的领地。吕底亚再度强盛，它的国王阿耶特斯（Alyattes）曾东犯米地王国。不久两国联姻和好。阿耶特斯全力西犯，攻陷了士麦拿，把它夷为平地（这是小亚细亚希腊人殖民城市被毁灭的仅有的例子，这个城市大概到亚历山大征服后才恢复起来），进犯克拉左美奈（Clazomenae）和米利都，并和米利都进行了长达十一年的战争，此时正值米利都著名僭主司拉绪布卢（Thrasybulus）在位的时候。米利都以坚壁清野的方法抵抗进犯，并依靠海上运输维持城市的供给。阿耶特斯久战无功，罢兵议和，希罗多德说此后"两个国家成了密友和联盟"。约公元前560年，吕底亚王克劳苏斯（Croesus）继位，更加积极进攻小亚细亚诸希腊殖民城邦，在他统治期间把北中南大陆海滨的全部希腊城邦都降服了，降服的条件大概相当宽大，只要纳贡称臣就行，不干涉城邦的自治。这些城邦降服后，因能更加不受阻碍地和内陆贸易，似乎也安于这种环境。

然而吕底亚的极盛时代，不过是昙花一现。东边的波斯在居鲁士统治下不过几年就征服了米地王国，并继续西进灭亡了吕底亚，俘虏了克劳苏斯，小亚细亚的希腊人城邦又从吕底亚的藩属转为波斯帝国的藩属,以下的事变就紧接着希波战争史了。

小亚细亚希腊人的避难移民

吕底亚王国长期以来与希腊城邦时战时和,在和平时期似乎有密切的经济文化交往,埃弗塞斯的一个僭主还是吕底亚王的女婿。降服了小亚细亚全部希腊城邦的吕底亚末代国王克劳苏斯王廷,是希腊人常去访问之地。传说,雅典梭伦离职后曾到过萨第斯。波斯征服吕底亚后,对转而藩属它的希腊城邦虽有宽容,也怀疑忌。当时的波斯王廷有希腊人的宠臣,希腊名医德摩斯底斯(Democedes)曾为波斯大王的御医,波斯用兵时要依靠希腊人提供海上力量。但波斯属下的海滨城市,除希腊而外,还有腓尼基(西顿、推罗),希腊、腓尼基之间的海上竞争,竟然也表现为两方在波斯王廷中的争宠。

小亚细亚诸城邦对吕底亚和波斯的先后降服,对它们的经济文化发展,似乎还没有极其严重的影响,这是希腊人甘心纳贡称臣的主要原因。然而也有一些希腊城邦,或某些城邦中的一部分希腊人,宁愿移居他处,不愿屈居藩属地位。克拉左美奈人有些避难雅典,把那里的陶画新风格带到了雅典,帮助雅典发展了陶业。佛西亚于吕底亚侵入时(公元前600年)大群人扬帆西去,建立了"远西"的马萨利亚殖民地,不久,马萨利亚移民于科西嘉(Corsica)岛上,当波斯王居鲁士征服时,又有一群佛西亚人避居科西嘉殖民地。罗得岛希腊人建杰拉(Gela)城于西西里岛上。奈达斯(Cnidus)人跑到埃及去当雇佣兵。提奥斯(Teos)则全城人都上了船,船到色雷斯海岸建立了阿布提拉城

（Abdera，哲学家德谟克利特的故乡），另有一部分人移居黑海北岸。诸如此类的避难移民，是公元前六世纪以前希腊大移民的一个组成部分，黑海、色雷斯及西方新殖民地的建立，甚至希腊本土有些城邦工艺技术和文化的提高，都从中汲取了力量。

僭主政体之盛行于小亚细亚

公元前七世纪起，小亚细亚希腊城邦开始出现僭主政治。历史上最著名的有米利都的司拉绪布卢（约公元前625年）和塞莫斯的波利克拉底（Polycrates，公元前六世纪后期），但是累斯博斯岛上米提利尼城邦的僭主和埃弗塞斯的僭主，则比司拉绪布卢还要早得多。这种个人专制的政体，是一些野心家利用贵族寡头政体面临新形势时的无能，纠集心怀不满的平民群众，组织个人卫队，毁弃当时的宪法或惯例，夺取政权而形成的。他们在夺取政权后，实行一些有利于平民的政策，然而政权则不向平民群众开放。就城邦政制的一般演变规律来说，僭主以暴力推翻根深蒂固的贵族寡头政体，是走向"主权在民"的政制的一种过渡形态，也算是必要的过渡形态。以小亚细亚的特殊环境来说，吕底亚王基格斯弑君篡位，显然为希腊人僭主政体做出了范例。公元前七世纪末，司拉绪布卢在米利都的僭政时期，长期抗击吕底亚王国的进犯，这表明了司拉绪布卢具有特出的军事才能，抗击外敌进犯的成功，显然是他得以僭窃国政的原因；公元前六世纪塞莫斯的波利克拉底抗击波斯进犯，也属于同一原因。但是公元前六世纪中期以后，小亚细亚诸城邦臣服于波斯的时期，各城邦又大体上都有亲波斯人的僭主。这些僭主，类似于中国历史上金人侵宋后在中原建立的儿皇帝,很难说他们起过什么历史进步作用了。

除了个人专政的僭主而外,米提利尼还有著名的彼塔卡斯(Pittacus,希腊七贤之一,梭伦的同时代人),推翻僭政,担任民选调解官(Aesymnetes,艾修尼德)凡十年,终使米提利尼从僭主政体顺利地过渡到民主政治。僭主、民选调解官和立法者这类现象,都不见于我国历史,又在雅典史上前后出现,使雅典成为希腊诸邦政治变革中的完整典型。

黑海两岸的希腊殖民地城邦

黑海西端,今达达尼尔、博斯普鲁斯两海峡两侧,马尔马拉海上诸希腊人殖民城邦,波斯进犯时都纳贡称臣,和小亚细亚其他城邦无异。东面,黑海南岸的锡诺普(Sinope,土耳其境内,现仍保持旧名)、特拉布宗(土耳其境内,现仍保持旧名),更东,高加索境内的法西斯(Phasis)、底阿斯可里阿斯(Dioscorias),因为地点偏僻,似乎没有臣服于波斯,它们一向和米利都维持繁盛的海上贸易,输出麻、木材、铁等原料。黑海北岸南俄海滨,以克赤海峡上旁提卡彭(Panticapaeum)为首的星罗棋布于大河入海口上的一批希腊人城邦,不仅未受波斯征服的影响,甚至后来的罗马也没有直接征服其地。它们向米利都等小亚细亚工商业城邦,后来更向雅典输出南俄草原上斯切汀斯(Schytians)的粮食,也是希腊的诸种工业品和橄榄油、葡萄酒的重要市场。这些贸易大大促进了小亚细亚和希腊本土工商业的发展。这些地方的希腊人,也许有相当多的部分是避难移来的。考古发掘证明他们一直保持了伊奥利亚甚至迈锡尼的古风。饶有兴趣的是,雅典盛期市内警察是国家奴隶,称为斯基泰人或称弓手。也许南俄草原上诸城邦,后来和希腊各地之间维持着相当规模的奴隶贸易。

南俄希腊人殖民地在希腊世界中处在最边远的地方,它们的文化因袭"英雄时代"的古风,对希腊文明无所贡献。十九世纪末期起,俄国学者在那里做了精细的考古发掘,现在史学界所知该地状况,很大部分是考古研究的成果。[①]

黑海南岸的希腊城邦,亚历山大征服以后,先后成为希腊主义诸王国和罗马的重要支撑点。其中如锡诺普,后来是从中国出发的"丝绸之路"的陆上终点,特拉布宗曾经是东罗马帝国被土耳其毁灭以后,一个力图挣扎的短命的希腊帝国的中心。两地(都在土耳其境内)迄今还保持古来的地名。

黑海南北两岸的希腊城邦的政制,大体随希腊世界的霸权所属,时而民主,时而寡头。其中显得十分特别的,是克里米亚半岛上的旁提卡彭,它集合附近希腊城邦建立了"博斯普鲁斯王国",王国所属臣民有大批希腊化的斯基泰人,王权有时也属于希腊化的斯基泰贵族。这种情形,在后来亚历山大征服所建立的东方诸王国中是常例。

---

① 克里米亚(Cremia)诸城市从前是古代希腊人的殖民地,他们称之为克索尼苏斯(Chersonese),后来是密司里达提帝国(Mithridate Empire)的首都所在地,再后落入罗马手里,划归拜占庭,到拜占庭查士丁尼(Justinian)时代,它们成了重要的贸易地点。九世纪基辅和诺夫哥罗德(Novgorod)的瑞典人占领了它们,1204年那里的贸易又丢给威尼斯(Venice)。1261年,热那亚人从威尼斯人手中夺得了那里的贸易。

色雷斯

爱琴海北边色雷斯海滨,今属希腊,但古代希腊的北界在奥林匹亚山,色雷斯及其西边内陆的马其顿还是蛮族地区,马其顿居民人种和语言与希腊人接近。这个地方的移民,始于公元前八世纪,优卑亚岛上卡尔西斯移殖于卡尔息狄斯半岛,百年之后,科林斯在该地建立了波提底亚(Potidea)。卡尔息狄斯半岛迤西地区,在吕底亚、波斯先后侵犯小亚细亚希腊人城邦的时候,小亚细亚希腊人移殖于此,提奥斯人建立阿布提拉即其一例(见前文)。公元前六世纪末,这一带也已密布了希腊殖民地。

希腊人在该地移民,没有碰到本地居民的激烈抵抗,希腊殖民地对马其顿、色雷斯的开化,起过相当的作用。这些殖民城邦并不处在海上交通要道,商业不十分发达,务农人口占相当比例。卡尔息狄斯半岛多森林,附近有著名的旁加优斯(Pangaeus)银矿,这是殖民地的重大富源。它们的政治生活似乎比较正常,文化发达,阿布提拉是德谟克利特的故乡,斯塔基拉斯(Stagirus)是亚里士多德的故乡。但整个色雷斯地区处在波斯军进犯希腊本土的行军路上,希波战争期间它们受到严重损失,也不得不屈服于波斯轭下。公元前马其顿王国勃兴,它们首先被吞并,并且成为马其顿威力的一个重大因素。

埃及和希腊人在塞勒尼的殖民

希腊本土南方的国际环境,又不同于它的东方。

第五章 公元前八世纪至公元前六世纪的希腊世界

亚该亚人在公元前十四和公元前十三世纪,曾扩张于小亚细亚南岸中部和叙利亚、巴勒斯坦海滨,后来面临埃及、腓尼基、以色列和亚述帝国的遏阻,终致失败,从此这里是希腊人进不去的地方(已见第二、第三、第四各章)。公元前八世纪起,南面的形势发生了根本的变化。曾经是克里特文明渊源之地的埃及王国,此时已经极度衰落。公元前十世纪起,它先后被西面的利比亚人和南面的努比亚人所征服,建立了征服者的王朝。公元前七世纪,亚述帝国一度征服埃及,公元前665年萨米提卡斯(Psammetichus)依靠铜装人(穿铜甲的伊奥利亚和加里亚雇佣兵)的援助,建立了赛斯王朝(埃及的第二十六王朝)。事实上米利都早在公元前八世纪的时候,就在埃及设有设防的商站,以后还建立了巨大繁荣的希腊人殖民地诺克拉斯。公元前七世纪至公元前六世纪希腊雇佣兵一直是埃及王朝的重要军事因素,希腊人的雇佣兵和商业利益两者是互相支持的。约公元前630年,塞拉[Thera,西克拉底斯(Cyclades)的一个岛]人和克里特人之殖民于塞勒尼(今利比亚之绿山区)显然是希腊人在埃及的扩张的继续。

赛斯王朝于公元前525年被波斯所征服,直到亚历山大征服为止,希腊人在埃及的活动发生了障碍,繁荣的诺克拉底逐渐湮灭了。塞勒尼殖民地继续存在了下去,但是它的经济与政治,都具有不同于其他希腊城邦的面貌。

塞勒尼最初的希腊殖民者中没有妇女,他们的殖民受到利比亚人的欢迎,他们普遍娶利比亚妇女为妻。五十年后,塞勒尼人邀请各地希腊人移居到他们那里去,应邀前去的是克里特人和伯罗奔尼撒半岛各邦的人,不久新来者和原居民发生龃龉,于是建立了新城邦贝尔卡（Barca）。那里袭用了当地人惯用的王政制度，但是一种适合于希腊人习惯的"立宪王政"。后来当朝国王实行政变，废弃宪治，实行专制政治。波斯军征服埃及时，当地的专制国王利用波斯力量进行自相残杀的内战，并成了波斯的藩属。

伊达拉里亚人和"大希腊"

希腊人在西方的殖民，也有严重的竞争对手。在意大利半岛上，对手是伊达拉里亚（Etruria）人，在西西里岛上和"远西"，对手是腓尼基人的迦太基帝国。地中海欧非两侧的当地居民，在公元前七世纪至公元前六世纪相对说来还很落后，不足以阻挡希腊人的殖民。

希腊人称意大利南部为"大希腊"（Magna Graecia），这是因为那里山川壮丽，平原宽阔，比希腊本部、中部及南端被海湾山岭分割成的彼此隔离的狭小地区，以及爱琴海上诸岛屿，气派远为宏大之故。这些地方的殖民城邦有克洛吞（Croton）、西巴里斯（Sybaris）、洛克里（Locri）、利吉姆（Rhegium）、厄利亚（Elea），以及最北面的丘米（Cumae）、那不勒斯（Naples，古名Neopolis）等。然而，丘米以北，希腊人又为伊达拉里亚人所阻，一直要到阿尔卑斯山（Alps）外，才有希腊人的"远西"殖民地马萨利亚移去的尼斯（Nice）、摩纳哥（Monoco，今法意边境）等城邦。

伊达拉里亚人是公元前十世纪移居到意大利梯伯河以北地区的，公元前七世纪至公元前五世纪之间，伊达拉里亚人的势力扩张到意大利的北部和中部，北起阿尔卑斯山麓、南迄今那不勒斯都在他们统治或影响之下，直到公元前五世纪，它才衰落，到公元前四世纪，它完全崩溃了。罗马文化受到伊达拉里亚的强烈影响，史学界还有一种说法，认为罗马城是伊达拉里亚人建立的。伊达拉里亚人是从哪里移到意大利的，从古希腊时代起直到现在一直是史学界争论的问题，大体可以断定他们来自小亚细亚沿岸，古希腊的希罗多德相信他们是从基格斯以前的吕底亚去的。他们殖民意大利早于希腊人，传统还认为希腊人西向殖民之所以较晚，是因为伊达拉里亚人的阻挡，直到希腊人的航海技术和海上作战能力足以克服这种阻力，他们在西西里和意大利南部的殖民才得以开始。

公元前六世纪后期，希腊城邦丘米和伊达拉里亚人发生过战争，领导丘米人作战的亚里斯托德摩斯（Aristodemus）战后成为丘米的僭主。早期罗马的国王塔魁尼阿斯（Tarquinius）被废黜后曾避居他的宫廷。西巴里斯也出现过僭主，洛克里则有过最古的立法者宙留古斯（Zalencus）的活动。

腓尼基和迦太基

腓尼基人很早建立他们的城市王国拜布罗斯（Byblus）、息敦（Sidon）、泰尔（Tyre，今黎巴嫩）。早在公元前十六世纪，他们就殖民于塞浦路斯和爱琴海上诸岛屿，当时是克里特-迈锡尼文明盛期，他们在东地中海的活动似偏重于海上商业，或做短期的黄金开采，没有做什么永久性的殖民。克里特-迈锡尼文明衰落之后，腓尼基人积极向西地中海扩张。公元前十二世纪，腓尼基人的船舶最初在西地中海出现。杜丹说：

"他们在往西班牙矿区的途中,需要沿着非洲海岸的停靠港口。他们在这些港口无疑开始了与土人最初的交易;而且这些港口后来变成了经常的'商站',即真正的殖民地。根据传说,最早的腓尼基人殖民地,从东往西,为大雷普提斯(Leptis Magna,今名雷布达)、哈德卢密塔姆(Hadrumetum,今名苏撒)、乌提卡(Utica)、希波·提阿尔希托斯(Hippo Diarhyros,今名比塞大)和希波·利基乌斯(Hippo Regius,今名波那),并且当时在赫拉克里斯双柱(直布罗陀海峡)之外,在丹吉尔之南拉拉士(Larash)附近已建立了利克莎斯(Lixus)。同时,泰尔人和西顿人又在马尔太岛、西西里岛南端、撒丁岛和西班牙的加的斯,获得了立足之地。"(《古代世界经济生活》中译本,第150—151页)

腓尼基人在西方建立的最大的殖民城市是迦太基(今突尼斯首都旧址),建城时间在公元前九世纪末。当泰尔、西顿先后藩属于亚述帝国、迦勒底巴比伦王国和波斯帝国而衰落的时候,迦太基起来在整个西方保护腓尼基人,所有西地中海的腓尼基殖民地或者自愿,或者通过征服和强迫,先后归属于迦太基,集结成为强大的迦太基帝国。其时在公元前六世纪,并且也经过了一个漫长的过程。迦太基的霸权,大概首先建立于非洲沿海,次及于西班牙及科西嘉、撒丁尼亚(Sardinia)两岛,最后才到西西里岛上和希腊人争霸。

塞勒尼、马萨利亚和阿拉利亚

克里特岛和塞拉岛上的希腊人殖民于利比亚的塞勒尼（Cyrene）时间为公元前630年。塞勒尼殖民地建立后不久，即向西二次殖民，正值迦太基兴起初期，沿非洲海岸向东推进，结果两方面都停止于原地，没有发生什么冲突。

小亚细亚的希腊城邦佛西亚，于公元前600年之前，殖民于西班牙地中海滨南端的门拉卡［Maeanaca，今马拉加（Malaga）两侧］，和西班牙一个盛产银子的古王国塔提苏斯（Tartessus）通商。这个地方深入腓尼基人的势力范围，大约在阿拉利亚战后（见后文）被毁灭了。佛西亚人殖民于马萨利亚是公元前600年的事情，这里离腓尼基迦太基在西班牙南部的传统势力范围很远，加之当时迦太基人势力微弱，无力干涉。公元前560年，佛西亚人又殖民于科西嘉岛上的阿拉利亚（Alalia），此时小亚细亚希腊人避波斯侵犯纷纷西移，传说普赖伊尼城邦的比阿斯（Bias，希腊七贤之一）曾建议希腊人集体移居撒丁尼亚。科西嘉岛离意大利北中部伊达拉里亚人地区很近，希腊人在两岛上势力扩大，对腓尼基人的商路是很大的威胁，加之公元前六世纪中期，正是迦太基强国兴起之时，公元前535年，佛西亚舰队与迦太基伊达拉里亚联合舰队战于科西嘉的阿拉利亚，佛西亚人自诩胜利，但放弃阿拉利亚，而且从此以后，希腊人再也不涉足于科西嘉和撒丁尼亚两岛了。

阿拉利亚战后不久，佛西亚的殖民地马萨利亚和迦太基海战获胜，战后订立了一个确切的条约，条约也许以西班牙地中海上的纳奥角划分双方"势力范围",此后长期间双方相安无事。马萨利亚二次殖民所建立的城邦,最东有今法意边境的尼斯和摩纳哥,最西南有西班牙境内的伊波利亚(Emporiae)和罗得(Rhode),移民大概不少来自小亚细亚。

西西里岛上的希腊殖民城邦和希腊人与迦太基人在西西里岛上的长期冲突

希腊人移民西西里岛,始于公元前八世纪,最早的有科林斯移民的叙拉古,麦加拉的麦加拉亥布拉和纳克索斯岛移殖的同名城邦,公元前八世纪至公元前七世纪,希腊人在该岛上移民盛行,建立了赠克利(Zancle)、利吉姆、林地尼(Leontini)、卡塔拉(Catana)、迈利(Mglae)、吉拉(Gela)、希米拉(Himera)、卡斯门尼(Casmenae)等殖民城市。也许当时腓尼基人已经涉足于西西里岛,但当时泰尔衰落,迦太基尚未兴起,希腊人没有碰到什么抵抗。当时的腓尼基人被赶到该岛的西北角,到公元前六世纪,腓尼基在那里有三个殖民城市:摩提亚(Motya)、帕诺马斯(Panormus)、索罗斯(Solus)。公元前580年,希腊人殖民于阿克累加斯(Acragas)的时候,发生了希腊人与腓尼基人的第一次冲突。腓尼基人帮助当地土著厄力密亚人(Elymians)抵抗希腊殖民者,希腊移民(来自小亚细亚南端的奈达斯和罗得岛)领袖彭达斯拉斯(Pentathlus)被杀。这还是迦太基人并未干预其事的小规模冲突。公元前六世纪后期,迦太基已是强盛的帝国,它出兵到西西里岛,征服该岛西北端的腓尼基人殖民地使之归属于它。从此以后,西西里岛成为希腊与迦太基长期争夺之地。公元前五世纪初，正当希腊本土抗击波斯进犯军的时候，以叙拉古为首的西西里希腊诸城邦和迦太基进行了第一次大规模的决战，希腊人获得了胜利。但斗争并未结束，公元前五世纪及公元前四世纪，西方希腊人与迦太基人间有二次大规模的战争，这一斗争还延续到罗马时代，公元前三世纪至公元前二世纪发生于罗马与迦太基之间历时一百多年的三次布匿（迦太基另一名称）战争［战争中出现了历史上著名的迦太基名将汉尼拔（Hannibal）和罗马名将西庇阿（Scipio）兄弟］，其实是西方希腊和迦太基斗争的继续。

西方希腊的形成

希腊人殖民于科西嘉、撒丁尼亚两岛的失败，使西方的希腊殖民地集中于两个区域：（一）意大利南部，即所谓"大希腊"及西西里岛。虽然前者面对北面的伊达拉里亚人和后来的罗马人，后者面对西南的迦太基人，但是因为它们不过相隔一个极其狭窄的墨西拿海峡，逐渐形成一个以西西里岛上叙拉古为首的集团。（二）马萨利亚及其东面两侧地中海沿岸的希腊殖民地。它们和大希腊西西里集团之间陆上有伊达拉里亚人的阻隔，海上有科西嘉和撒丁尼亚两岛的阻隔，一直独立生存、独立发展。以上两个集团，前者与希腊本土联系比较密切，公元前五世纪以后的西西里帝国，是希腊世界三大霸权（雅典、斯巴达、西西里）之一。它的历史命运和东方希腊不同，因为亚历山大征服是向东的征服，大希腊西西里不受其影响。它们是罗马人所征服的希腊世界的第一批城邦，罗马人接受希腊文明，首先是通过它们的媒介与影响。马萨利亚集团孤悬"远西",和希腊本部其他部分的历史事变的关系更为疏远,它列入罗马版图是在罗马征服高卢的时候,晚于东方希腊,也晚于"大希腊"和西西里。但是它存在于高卢(今法国)的地中海滨为期颇长,希腊文明通过它传播于高卢。罗马人征服高卢时,高卢南部归化罗马比高卢其他部分远为顺利,马萨利亚的传布希腊文明大概是起了一些作用的。

西方希腊诸邦是"立法者"最早的活动舞台(见次章),这显然因为它们建立的初期(公元前八世纪中期及公元前七世纪初期)恰当新潮流兴起的时候,传统的负担在那里又比古老城邦远为轻微。然而在公元前六世纪末期,当西西里诸希腊城邦开始和迦太基进行激烈斗争的时候,西西里开始出现僭主政体。公元前五世纪初期,西西里一切城邦几乎都在僭主政体统治之下。僭主政体出现,除对外战争这个因素之外,内部阶级斗争也是重要原因。所以当时也有个别城邦选出立法者兼民选调解官,一时避免了僭主政体出现。但是大希腊与西西里诸希腊城邦的僭主倾向和"帝国倾向"远胜于东方。在公元前五世纪他们与迦太基人的战争之前,已经通过征服,结成一个以叙拉古为首的"帝国"。战胜迦太基人,就是在这个"帝国"的首脑叙拉古僭主吉伦(Gelon)领导之下取得的。希波战争以后,在当时希腊世界民主浪潮的影响下,大希腊与西西里诸城邦转为民主制度,以后西西里的叙拉古两度出现历史上著名的僭主岱奥尼素(Dionysius)和阿加托克利斯(Agatocles),在它被罗马灭亡的前夜,僭主亥厄兰(Hieron)已正式称王了。

第五章 公元前八世纪至公元前六世纪的希腊世界

第三节 雅典民主的确立与城邦制度的最后完成

库隆暴动以前雅典的状况及其周围的环境

公元前七世纪中期雅典的状况及其周围的环境，前章已有过简略的介绍，阿德科克以形象化的语言对此做了下述描绘：

"在公元前七世纪的前半期，雅典是希腊的一个朦胧的角落。它已经完成了一件事情——统一；埃琉西斯、马拉松（Marathon）或修尼阿姆（Sunium）的农民，已经认为自己是雅典人了。存在着一个中央政府，当这个中央政府传话出去，要征召人们入伍作战，或者征集黄牛做祭神的牺牲时，人们是服从的。政府是贵族的政府，阿提卡的农民把国家大事任凭他们的长上们去处理，他们自己埋头于种田，或者忙于学种橄榄树。到这时候为止，还没有什么海上贸易。雅典人是下船出海的，因为海道比陆上道路好走，许多学者认为造船区（Naucracies，雅典的古老地方基层组织）是存在着小规模海军的证据，而雅典的狄斐隆（Diphlon）风格的陶瓶，常常显现出某种也许是雅典船舰警戒海盗的东西。雅典本身属于卡勒利亚（Calauria）近邻同盟，即萨洛尼克湾周围诸城的一个宗教同盟，但在它的外航海路上，远处有埃吉纳岛这个妒忌的商人海岛，近处有本城望得到的萨拉米，现在在麦加拉人手里，他们和这个帕拉斯（Pallas，是雅典娜女神的别称。雅典娜是雅典城的保护神）的城有邻邦的宿怨。确实，到这时候为止，还没有什么足以出口的东西，也没有什么威力足以赢得外面的市场。别的城邦已经从事于殖民的冒险，他们也获得了报酬。值得注意的雅典工业是陶器，但是它支配市场的日子还在后面，科林斯、西息温和卡尔西斯的陶器现在还掌握着豪华陶器的阵地。阿提卡较大部分的土地是瘠地，农民从那里难获一饱。好地多半分布在城市后面的平原上，绝大部分属于贵族，贵族的氏族名称成了这个区域许多地方的地名。贵族因拥有肥沃的土地，所以是富裕的，他们学习过某种辉煌的生活，直到现在，还可以看到当时阿提卡陶瓶上对此的描绘。他们和绅士一样，把钱财消耗在希腊诸体育竞赛的庆节中的竞胜上，所以在奥林匹亚有时候听到雅典人的名字，在近邻诸邦的科林斯、麦加拉、西息温存在着辉煌的僭主政体。雅典的土地贵族在僭主宫廷中学会了对株守家园的阿提卡农民来说是陌生的各种各样的抱负和欲望。"

总之，这时候雅典已经受到近在咫尺的科林斯等的影响，然而它的经济还不发达，阶级化分还不剧烈。所以公元前630年左右发生的库隆暴动，是一次在外部影响之下的尚不成熟的僭主政变。

库隆暴动和德拉孔立法

库隆出身贵族，曾在奥林匹亚赛会上得过锦标（公元前640

年），是麦加拉僭主特阿真尼（Theagenes）的女婿。库隆利用宙斯节日民众群集的时机，企图发动政变，夺取最高政权。暴动者有麦加拉的重装步兵，却没有雅典的平民，显然是特阿真尼想通过暴动把邻邦雅典置于他自己（麦加拉僭主）女婿统治之下。库隆一党夺得了卫城，民众并不热烈拥护，当政贵族却从四方征集人民来围攻卫城。围攻历时很久，四方人民不等围攻结束，便回去了。围攻中库隆和少数随从逃跑了，暴动者因缺粮议降，执政官阿克密尼德（Alcmaeonidae）氏族的麦加克利斯（Megacles）允许降者可以免死，结果却把托庇神坛的降者杀死了①。暴动以失败告终，为此雅典还和麦加拉之间发生了一次胜负未决的战争。

库隆暴动虽有邻邦插手，它总反映了雅典社会的动荡不安。当政的贵族阶级所能想到的是制定成文法典加以公布，借以限制不法分子，所以有德拉孔法典的颁布（公元前621年）。德拉孔是当时的执政官之一，他的法典以对犯罪者严酷闻名，唯一具有进步意义的地方，是反对血族复仇制度，以及把当时已经存在的关于故杀、非故杀和自卫杀人三者加以区别的惯例，做了成文的规定。多少世代以来，唯有贵族才懂得法律，唯有他们才能接近诸神，才能伸张神的正义，现在把贵族垄断的法律和审判职能公开出来，这也可以算是一次重大的让步。但是他的法律中关于整顿财产关系的部分，看起来着重于保障债权人（贵族高利贷

---

① 按古希腊风习，托庇神坛的人不能杀害，否则死者的血既玷污了土地，必定要拔除，杀人者为罪责所玷污，这种罪责还延及后代。所以这次渎神罪使阿克密尼德世世代代"背上了黑锅"，这个氏族的后人长时间内是雅典的当政显要人物，伯里克理斯的母系就属于这个氏族，在政争中敌对的党派常据以攻击他们。

者）的权利，于是加深了社会的阶级矛盾，使得库隆暴动以来的社会骚动更加激烈了。

梭伦改革的背景

雅典内部的动荡，基本原因在于土地兼并和债务奴役。前面引述亚里士多德《雅典政制》的一段话，说明雅典的土地贵族在周围富裕的工商业城市城邦及其豪华的僭主宫廷影响之下，加深了对农民的剥削，而在贵金属铸币逐渐通行的条件下，最有效的剥削方式之一是高利贷。雅典农民祖辈相传的那一份土地成了债务的抵押品。史家考证当时成为抵押品的土地事实上为债权人所有，债务人只能保留一种出款赎回的权利。有的债务要以人身为担保，出现了农奴身份的"六一汉"，一种残酷的债务奴役制盛行起来了。库隆暴动到公元前六世纪初期的几十年间，雅典大概处于经济迅猛发展的时期，雅典从麦加拉手里夺回了萨拉米，麦加拉的僭主政体垮台了，雅典商人开始到黑海、埃及和塞浦路斯去经商，这使得平民对于当时的国内秩序更加觉得不可忍受，而德拉孔的法典也许更加强了高利贷者和贵族的地位。现在真的有平民暴动和僭主出现的危险了，救治的办法是要找到一个"民选调解官"（Aesymenites）来调停对立的集团的利益，来解决"如何免除债务人的钱债，来重分土地，并根本改革现行的秩序"（普鲁塔克：《梭伦传》）的问题。"雅典人和因雅典的伟大而所获甚多的世世代代的人，很幸运地找到了这样一个人，他就是梭伦。"（阿德科克语）

梭伦改革

梭伦是贵族分子,以鼓动和领导对麦加拉的战争,夺回萨拉米闻名。公元前594年梭伦被选为首席执政官,并授权为仲裁者和立法者,并被视为"民选调解官"。梭伦就任以后,第一件重大的改革是"解负令"(Scisacktheia),拔除立在债务人分地上的记债碑,作为债务抵押品的土地无偿归还原主,保障小块农地的水源;禁止人身奴役和买卖奴隶。因债务流落异邦的人,也都回来了。为了使"解负令"得以贯彻,也废除了与土地无关的工商业债务,但不禁止改革以后的工商业信用。其次是禁止输出谷物,准许输出橄榄油到国外,使雅典农业迅速过渡到集约性的果园与园圃经营,这是当时有条件输入粮食后改变阿提卡农业经济结构的根本性措施。后来又宣布遗产自由,禁止奢侈,限制葬礼的浪费和铺张。这和孔丘提倡的厚葬和"三年之丧"恰成对照。梭伦立法的根本原则是承认私有财产,容许土地的转让和分割,这使得人们放手创办企业,推动了经济活动。

梭伦为了发展雅典的手工业(我们记得,此时正是科林斯陶瓶独霸市场的时代),允许外邦人获得雅典的公民权。梭伦立法关于杀人罪的处理,保持了德拉孔法典的规定。他的法典禁止对他人包括奴隶在内的暴力伤害,从而使奴隶得到相对的人身安全。

梭伦立法,废除贵族在政治上的世袭特权,而代之以财产法定资格。他的法律规定雅典公民分为富农(原称"五百斗级")、骑士(这二级养得起马,应征为骑兵)、中农(原称为"双牛级",

构成重装步兵)、贫民(构成轻装步兵,担负军中杂役)四级,全都有参加公民大会的权利。公民大会直接选出执政官,以及其他执政人员,如司库和执行法庭判决的"十一人"等,这些公职只有最上层阶级的公民才有被选举权。国家重要政务都要由公民大会通过,提给公民大会议案的预审工作则由新设立的"四百人议事会"担任。元老院的任务现在是保证国家法律不受破坏,保证法律的有效实施。它的最初成员由梭伦选任,以后,凡执政官任期终了,经审查政绩后加入元老院,并终身任职。"四百人议事会"的成员由四个部落各选一百人组成,由于它负责预审提交公民大会的议案,它实际上执掌最高政权。元老院和议事会两者,梭伦比之为船上的两只锚。

梭伦首创了陪审法庭(Heliaea of the Thesmothetae)的新制度。"Heliaea"的原意为集会,陪审法庭的原意当是"作为法庭的公民大会"(Assembly as a Court),其实际状况,不外行政官员于市集日在市场上审理讼案,而由有空暇时间的若干公民参加。但是把这种办法制度化起来,则是司法上民主化的重要措施。史家还认为,后来成为雅典民主制度重要组成部分,人民对执政官在其任期终了时实行的政绩审查,是人民这种"参与审判"的权利的推广。

梭伦改革的经济后果

梭伦的"解负令"规定免除一切债务,并且竟得以和平实行,在古代史上是罕见的例子。梭伦当时的地位是民选调解官,亦即民选的独裁者,具有僭主那样的专政权力。也许因为当时高利贷所引起的社会动荡已经到了岌岌不可终日的程度，这个调停于敌对阶级之间的独裁者才得以使"解负令"贯彻下去。然而"解负令"并不是平分土地，所以贵族阶级祖传的土地，亦即非因高利贷收进的抵押土地仍归贵族所有，贵族阶级的优越经济地位并没有受到摧毁性的打击，所以"解负令"实际上是一种改良主义的措施。虽然如此，废除债务，连同其他的经济措施，如改革币制、改革度量衡制度、吸收外籍技工等等，确实鼓励富裕阶级以其财富投入工商业，从而使无地人民获得就业于农业以外的职业的机会。他的限制谷物输出、鼓励橄榄油出口的政策，也推动小农发展集约经营的园圃农业。这些都说明雅典迅速地从一个农业区域发展为工商业区域。从此雅典处于"东方希腊"与"西方希腊"海道中心的优越地位，加之它的天然良港庇里犹斯（Pireaus）和法勒隆（Phalerum）日益发挥其作用，不久雅典就成了希腊世界第一个工商业城邦。梭伦所奠定的雅典的经济发展路线，不是传统的"分裂繁殖"路线，不是广泛殖民于海外，而是相反地保持了人力资源于国内，使纵横不过百里的一个小区域发展成为乡郊有小康的农业人口的大工商业城市，从历史观点来说，这无疑是很大的成功。

梭伦改革的性质及其演变

梭伦政制，以财产多寡区分公民为若干等级，最低一级的平民有选举权而无被选举权，议事会成员、行政官员一律由选举方法产生，按照希腊的政治概念，这是一种金权政治（Timocracy），而不是民主政治（Democracy）。所谓民主政治，必须是平民占统治地位的政体，必须不论财产多寡都有资格被选任为议事会成员及行政官员，而其选任又必须用拈阄方法，这样全体公民才有可能全都有轮流任职为议事会成员或陪审法庭成员的机会，议事会成员有可能全都有成为议长委员会成员的机会。至于议长委员会，则每年由议事会改选若干次，每届任职若干天，主持全部政务。这样，在议事会全部任期内，又使所有议事会成员都有机会参加议长委员会主持政务。雅典采用这种制度，始于梭伦以后七十年的克利斯提尼（Cleisthenes）时代。至于梭伦政制给平民的，则不过是在公民大会内发言与表决、选举的权利，这种权利，充其量只能阻止上层阶级对平民的过分剥削，当上层阶级势力很大时，甚至这种阻止作用也难完全达到，于是平民的权利就只剩下在那里发抒一些愤懑不平的感情而已。

但是梭伦的金权政治对于当时的雅典还不失为一次革命。我们不能忘掉改革以前的雅典是贵族阶级的寡头专政，平民不仅无权议政，而且处于债务奴役的状态。改革以后，贵族阶级固然还是当政的阶级，然而非贵族的富裕农民也成了当政阶级，从前实际上并无公民权利（不算作Polites——"城邦的人"，即公民）的平民，现在在公民大会中也听得到他们的声音了，这显然是一种革命性质的变革。

梭伦公民资格中以"资"为根据的财产，原来仅限于土地财富，这是由当时雅典社会的农业性质所决定的。稍后，工商业迅猛发展，计算财产资格时把非土地财富也包括在内，贵族权力进一步削弱。又因为计算标准改按货币不按实物，而物价则逐步高涨，结果雅典公民中因财产资格的限制而没有被选举权的人数逐步减少,终至寥寥可数。政制的这样逐步民主化,并非梭伦初意,而是历史演变的结果。

作为立法者的梭伦

史家考证,梭伦立法并非全部都出于他的创造。梭伦曾经商海外,周游历国。"金权政治"制度,科罗封、伊奥利亚、库梅、卡尔西斯、爱勒特里亚实行于雅典之前,基俄斯则新近实行民主政治,这些成例,大概是梭伦立法的来源。然而梭伦政制并不是拼凑这些成例的结果,而是针对雅典的现实情况所制定的制度,其间有周详审慎的判断,也有冒风险的创造,为希腊的城邦政制开辟了一条"主权在民"的新路。事实上希腊世界进入"主权在民"的时代始自梭伦立法,梭伦立法为建成一个繁荣强大的雅典准备了条件,也唯有这个"最卓越的城邦"的活生生的例子,才能够把希腊世界推进到这个阶段。

梭伦法典,在财产、继承、犯罪的惩罚等方面都有革新,他的法典又以其完善、简洁、富于弹性为后世所称道。它是亚历山大征服以后希腊主义诸王国法典的楷模,在罗马帝国时代它通行于帝国旧希腊地区,是罗马法的"竞争对手"。法典原文保存于雅典议事会堂,并在市场上立柱公布。从此以后,雅典进入"法律"统治,亦即希腊语所称为优鲁米亚(Eunomia)时代。斯巴达实行来库古的"口传约章"时间略早于梭伦立法,历史上也称为优鲁米亚。希腊城邦制度中的法治传统,遂于此奠定。

梭伦离职

梭伦的改革,虽然调解了各敌对阶级之间的激烈冲突,发展了经济,一时形成了雅典社会的团结,积极参与了当时近邻同盟的纷争,加入近邻同盟,获得了同盟的投票权,但因贵族丧失太多,不甘心于自己的失败,无地平民没有满足他们的土地要求,两者之间还存在着深刻的矛盾。在这种情况下,作为"民选调解官",拥有大权,享有无上威望的梭伦,有理由无限期保持他的政权,成为雅典的僭主。何况公元前六世纪初期,是希腊世界僭主政权盛行的时期。此时科林斯僭主伯利安德,米利都僭主司拉绪布卢,西息温僭主克利斯提尼在位,小亚细亚、西西里和大希腊各邦到处是僭主盛行,优卑亚岛上著名的铜城、拥有大批殖民城市的邦卡尔西斯也在僭主统治下,而且梭伦的朋友们都劝他建立僭政,不要"鱼在网中,却让它跑掉了"。但是,梭伦坚决不为所动。又鉴于贵族对他责难,平民对他不满,要拥立他为僭主的朋友们对他讥嘲,他伫立海滨,"好像一群猎狗包围中的狼"。最后,他要求雅典人立誓保持他的法律,他放下了政权,离开雅典到海外漫游去了。

在僭主盛行的时代,像梭伦一样的"民选调解官",有机会建立僭政却自动放弃政权的,还有累斯博斯岛上米提利尼的彼塔卡斯,他和梭伦都被列为"希腊七贤"之一。

雅典的党争

梭伦离职后,雅典长时期陷入党争之中。当时雅典党派分为以下几派："平原派",由据有平原土地的贵族组成;"海滨派",以工匠商人为主;"山居派",主要为无地少地的山居平民(饶有兴味的是,长时期中三派领袖都是著名氏族出身的贵族分子,这种状况一直继续到雅典民主的极盛时期——希波战后到伯罗奔尼撒战前的"伯里克理斯民主"时代)。这三派最初联合起来驱逐了企图僭窃政权的执政官达姆斯阿斯(Damasias,公元前580年),继以麦加拉重新夺取了萨拉米,发生了雅典与麦加拉的一次战争,一个贵族分子庇色斯特拉托(Peisistratus,普鲁塔克说他是梭伦的亲戚)在此次战争中立了战功,成为山居派的领袖(公元前570年)。他以诡计得到公民大会的同意,建立了一支五十人的个人卫队,建立了僭政(公元前560年),平原派和海滨派立即联合起来把他赶下了台。大概他下台后还留在阿提卡,同年,他和海滨派结合起来恢复了僭政。三四年后他和海滨派分裂,僭政倾覆,他被逐出雅典(公元前556年),由海滨派领袖麦加克利斯(Megacles)当政。

庇色斯特拉托被逐后住到色雷斯海滨的卡尔息狄斯半岛(我们记得那里有许多希腊人的殖民城市)的西北,联合当地乡居人民建立了一个城市(后来发展成为有名的希腊城市安菲玻里Amphipolis),开发著名的旁加优斯(Pangaeus)银矿,积聚了一批财富,和马其顿王、底比斯人、阿尔哥斯人建立了良好关系,和纳克索斯岛的一个富有的冒险家里格达米斯(Lygdamis),一个想在纳克索斯岛建立僭政的野心家结合在一起,成立了一支雇佣军。这个时期,雅典本国,因在库隆暴动中杀害暴者被放逐的阿克密尼德家族已经回国,政权掌握在他们手里。

庇色斯特拉托被逐后的第十年(公元前546年)得到优卑亚

岛上爱勒特里亚的帮助，在那里集合了他的部队，并在阿尔哥斯一千名军队的帮助下，进军雅典。雅典山居派起为内应，雅典当局征集公民军起来抵抗，结果防军溃散，各自回家，敌党逃亡，庇色斯特拉托僭政于是确立，里格达米斯也成了纳克索斯的僭主。塞莫斯著名僭主波利克拉底，是在庇色斯特拉托和里格达米斯帮助下才得以上台的。

庇色斯特拉托僭政的性质

据普鲁塔克的《梭伦传》，庇色斯特拉托建立僭政的时候，梭伦已倦游归来，他全力反对僭政，他号召雅典人起来抵抗僭政，即在庇色斯特拉托势力已经巩固的时候，他还坚持这种立场，始终不渝。但是庇色斯特拉托的僭政，实际上贯彻了梭伦立法的根本精神。山居派的土地要求，现在可以通过没收逃亡贵族的土地来予以满足了，梭伦法典全部保存下去，梭伦创立的一切国家机构也照旧存在，不同的是，现在在全部机构之上高踞着一个权力无边的僭主，他的意志是不可违背的。庇色斯特拉托和一般的僭主一样，不称王，他的正式职衔是什么，我们不知道。他表面上十分尊重"宪政"，他本人可以应元老院（执行最高法院职权）的传询到庭受审，自行辩护。他征收农产品的十二分之一或十分之一的所得税，借此，他贷款给新获得土地的小农，加之在他统治下雅典有长期的和平，橄榄树普遍长成起来了。他组织"巡回审判"到村中去处理诉讼事宜，免得庄稼人浪费时间和精力进城诉讼。在他统治下，雅典油和酒出口增加，陶器业发展起来——不仅作为容器的粗陶，雅典的精美陶器开始代替科林斯、西息温的陶器占领了国外市场。他发展海外贸易，发展造船业，城市居民增加了。他从米提利尼手里夺得了黑海入口处的息基昂（Sigeum），借以保证黑海的粮食进口和油、酒及工业品的市场，并委任他的非婚生子为那里的总督。附带说说，平原派的领袖庇色斯特拉托的政敌米太雅德（Miltiades）在息基昂对面欧洲一边的一个大半岛克索尼苏斯（Chersoneses，即构成达达尼尔海峡北侧的欧洲大陆的突出部分）上，建立了一个住有色雷西亚（Thracian）多龙西（Dolonci）人并在希腊人保护下的小国家，米太雅德成为他们的僭主。这个贵族，后来在希波战争中回国参战，做出重大贡献。

庇色斯特拉托统治下的雅典开始建设城市，从商业和租税得来的财产，用来兴办巨大的公共建筑物。

公元前527年，在长期的和平统治之后，庇色斯特拉托病死，他的儿子继为僭主。后来的雅典人把庇色斯特拉托统治的二十年看作太平盛世，雅典确实发达起来、强盛起来了。他的僭政是梭伦坚决反对的，但是他客观上实现了梭伦立法中的许多好东西，虽然僭主政治和梭伦立法的根本原则背道而驰。

僭政倾覆与克利斯提尼改革

庇色斯特拉托的儿子不孚众望。公元前514年，发生了哈摩狄阿斯（Harmodius）和阿利斯托斋吞（Aristogiton）刺死庇色斯特拉托次子希帕库斯（Hipparchus）的事件。这次刺死案件出于私仇，但是后来雅典人把这个首先起来打倒僭主政体的人尊为英雄。此事发生后，庇色斯特拉托长子希比亚（Hippias）

还继续当政，然而心怀疑惧，戒备森严，大举迫害政敌。除他的雇佣兵外，不许雅典人拥有武装，成了真正的暴君。在国外，庇色斯特拉托在世时一贯实行的睦邻政策，也因国际局势的推移和他的儿子们的举措失当而未能继续下去。此时波斯帝国已经臣服了小亚细亚诸希腊城邦，那里的僭主都是波斯帝国的儿皇帝，而希比亚却选中了拉姆普萨卡斯（Lampsacus）的僭主——波斯大王的宠臣为女婿，这表示他现在希望依靠波斯的力量来维持他摇摇欲坠的统治。公元前510年，留居克索尼苏斯的阿克密尼德族人由麦加克利斯的儿子克利斯提尼率领，从彼奥提亚武装回国，然而未能成功。最后，斯巴达王克利奥密尼斯（Cleomenes）率领大军经麦加拉进入阿提卡，希比亚的雇佣军和他的同盟特萨利亚的骑兵败北，希比亚被逐围守雅典卫城，经过谈判，以不伤害他家被俘的子女为条件，他答应离雅典到息基昂。于是庇色斯特拉托朝的僭主政体结束，雅典政权归于克利斯提尼手中。

　　克利斯提尼本身是雅典著名氏族的贵族，他的母亲是西息温著名僭主克利斯提尼的女儿，但是当时雅典贵族阶级的党平原派的领袖是伊萨哥拉斯（Isagoras）。僭主希比亚是由斯巴达的武力倾覆的，斯巴达的政策，一贯是推倒僭主，建立贵族政体，这一次，他们也力拥伊萨哥拉斯上台。公元前508年伊萨哥拉斯果然当选为执政官，克利斯提尼一时失败了。但当伊萨哥拉斯要把僭主时期的公民名单进行审查，并将其中僭政时期获得公民权而显然并非贵族阶级的人清洗出去的时候，克利斯提尼起来维护他们的权利。这是两个贵族分子争夺政权的斗争中必然要采取的策略，但是就是这种斗争，却反映了雅典社会的阶级斗争，而克利斯提尼是站在工匠、商人和平民这一边的。

克利斯提尼再度当政，并实行了他的著名改革。其间，斯巴达曾再度干涉，几经曲折，克利斯提尼在人民支持下击退了斯巴达的干涉军。伊萨哥拉斯随同斯巴达干涉军流亡国外，克利斯提尼的改革顺利实施了，雅典民主进一步巩固了。

克利斯提尼改革的要点

克利斯提尼在政制上的改革主要为以下三点：

一、根据地区原则划分阿提卡的基层组织。阿提卡被分成三个区域：（一）雅典城及其近郊；（二）内陆中央地带；（三）沿海地区。每个区域分为十个部分，名为三分区（Trittys）。三个区域的一个三分区合在一起成为一个部落，这种部落并不是集合在一片毗连的地带的部落，而是跨三个区域的一种人为的集合，它唯有在公民大会表决期间才得集合起来。这样的组织方法，既依地区原则打乱了氏族传统，又打破了从前的山居派、海滨派、平原派等按经济发达程度不同的地区，集结成为党派的旧例。从此，以氏族为基础的贵族势力极大地削弱了，旧日党争据以划分的界线也不再存在。于是僭主复辟的依靠削弱了，雅典今后的政治派别的划分也要按照新的原则了。

三分区之下的基层单位是"自治村社"（Demos），在农村地区是村落，在城市及近郊的当然按街坊划分。每个区域内的一个三分区，有的辖本区的一个村社，有的辖几个，所以全阿提卡部落和三分区的数目一直保持不变，村社则逐渐增加，克利斯提尼时代有100个村社，三百年后增为174个。

村社是一种经济性的、行政性的、宗教性的、军事性的同时也是政治性的单位。招募重装步兵和用抽签法选出陪审员，都在村社内举行。村社男丁，十八岁由民选村长登记入公民和兵役名册，被认为有执干戈以卫社稷的义务，也有出席审判的权利。二十岁起，他就是一个全权公民。

二、克利斯提尼的议事会人数为五百人，称五百人议事会，以代替以前的四百人议事会。议事会由每个部落选出五十人组成。部落内代表人数则按村社大小分配。选举方法用抽签法，每个公民一生内都有机会成为议事会成员。

议事会选出议长委员会，共五十人。这五十人分为十个组，每组五人，每组轮流主持日常政务35—36天，所以，在议事会的一年任期内，每个议事会成员都有一次成为主持政务的五议长之一。

每个部落选出一个将军，统率本部落征集的公民军，并组成一个"十将军委员会"统率全军。以后，雅典最高政权实际上操在"十将军委员会"手中。

有资格选任为议事会成员的，还限于公民中富农和骑士两级，在它以下的中农和贫民两级仍不得选任为议事会成员。

三、陶片放逐法是克利斯提尼法典中最富特色的一种制度。每年春季召开一次非常公民大会，用口头表决是否要实行陶片放逐，换句话说，决定公民中是否有人危害了公民自由，必须加以放逐的。假如指出了其人，就召集第二次公民大会，每个人在陶片或贝壳上写下他认为危害公民自由的那个人的名字。凡被大多数投票判决有罪的人，就要离开雅典，为期十年，但是他的财产不被没收，期满回来，他以前的一切权利也随之恢复。

陶片放逐法表明当时雅典公民绝大多数人识字，能写。此法目的原在防止阴谋夺取政权的僭主政变，曾经起过巨大作用。希波战后，僭主政变的威胁实际上不再存在，这个制度还维持了一个时期，不过那时已失其原意，成为党争的工具了。

雅典民主的确立

雅典政制，到克利斯提尼改革为止，确实兼具"主权在民"和"轮番为治"两个特色。梭伦、克利斯提尼所建立的这种制度，虽然中间还经历过一些曲折，但到公元前四世纪末亚历山大征服为止，基本上没有变化。甚至亚历山大征服以后，雅典事实上已经丧失主权国家地位，沦为马其顿王国的附庸，以及后来被罗马征服，雅典沦为罗马统治下一个自治城市的时代，政制的某些方面还保持了下来。

倘使我们回顾这种政制建成的过程，我们可以历数以下各点：（一）库隆暴动，动摇了古老的贵族寡头专政；（二）德拉孔立法，贵族做出了某些让步，但那属于贵族巩固他们已经动摇的经济和政治统治的企图；（三）在严重的阶级矛盾面前，雅典没有经历一次暴力革命，找到了梭伦这样一个民选调解官，初步建立了民主制度；（四）庇色斯特拉托的僭政，客观上起了贯彻梭伦改革的作用，从此以后，贵族阶级独占政权的那种旧秩序再也不可能恢复了；（五）雅典人民推翻僭政，实行克利斯提尼的改革，雅典民主从此确立了下来。回顾这个过程时可以发现一种饶有兴趣的现象：这一连串历史事变中起了某种主导作用的人物，全属于贵族阶级，甚至克利斯提尼的改革，也留下了几千贵族世家之间争夺政权的某种痕迹。不过这种现象,历史上是屡见不鲜的。民主政治建立初期,文化知识和政治经验事实上是贵族阶级独占的。当经济基础和时代潮流决定历史演变趋向的时候,贵族分子有的出于个人的信念,有的纯粹为了满足个人的野心,投向人民方面,成为民主政治的斗士,这是一种合乎历史规律的现象。其中某些人,如梭伦,具有伟大的人格,让"已经进网的鱼跑掉",而不愿僭窃政权,则为世世代代的后人所敬仰。

希腊城邦制度的最后完成

雅典民主确立于公元前六世纪之末,其间经过一个庇色斯特拉托的僭政时期。庇色斯特拉托僭政时期,正是希腊世界诸国普遍为僭主所统治的时期——小亚细亚诸邦,大希腊与西西里,希腊本土科林斯、西息温、麦加拉、卡尔西斯等经济比较繁荣的诸邦亦然,唯有斯巴达保持古老的贵族政制原则,始终持持反对僭主。雅典推翻僭主,固然有斯巴达的帮助,但斯巴达指望雅典恢复贵族寡头专政。雅典则不仅维护了梭伦改革的原则,还向民主化方面继续跨出了一大步,为希腊诸邦树立了范例。克利斯提尼以后不久,就发生了希波战争。战后雅典在经济实力上超过米利都、科林斯,在军事实力上超过了斯巴达,不仅后来雅典同盟加盟诸国奉它为盟主,它事实上述成为全希腊的楷模,它的民主制度成为各邦效法的榜样。例如,雅典政制中最具特色的陶片放逐法,据考证,就有米利都、阿尔哥斯、叙拉古、麦加拉四国仿行。公元前五世纪以后,希腊各邦政制还是五花八门,各具特色,而且也变化多端。亚里士多德的《政治学》据说就是搜集了一百五十多个实例,做了比较研究写成的,现在我们读这部著作,还可以看到希腊政治的十分复杂的多样性。但是,大体说来,除早期和后期的僭主政治而外,我们可以有把握地说,"主权在民"与"轮番为治"总是它们的共同特色。所以,我们说雅典民主的确立就是希腊城邦制度的最终完成,大体是符合事实的。

第四节 僭主、立法者和民选调解官

希腊政制演变中的僭主、立法者与民选调解官都不见于我国古代,这些概念也是我们所不熟悉的,本节对此分别略加解释。

僭主——不合法的王

希腊的僭主都不称王(巴西琉斯)。他们是事实上的专制君主,他们都采用一些谦逊的称号,如"终身执政官""全权将军"等等。僭主一词,希腊原文为"Tyrannos",转为拉丁字的"Tyrant",近代西方把它用在很不好的意义上,中文译为"暴君",是符合近代西方用法的。不过我国有些西方古代史的中译把此词还译为"暴君",则与古代的意义不合。瓦德-吉里考释此词来历及其意义,颇有助于我们的了解,转录如下:

"'Tyrannos'也许是一个吕底亚名词,基格斯[①]就是一个大 Tyrannos,是希腊僭主的榜样。这个名词从基格斯那里转用到伊奥利亚新上台的君主,诸如埃弗塞斯的米那斯(Melas),他的女婿司拉绪布卢,后来是米利都的大僭主。它从这里传播到(科林斯)地峡上诸城邦,然后又从那里传到西面……

"'Tyrannos'这个称号是新奇的,外来的,它确实并不表达什么污辱的意思,这个称号上之于诸神(Zens Tyrannos,有'至尊的宇宙'的意思),在希罗(Hero)的 Ionic 中,它似乎和巴西琉斯完全是同义的。但是英雄时代以来巴西琉斯这个词已经集合了敬畏之念,'Tyrannos'则具有批判的、玩世不恭的希腊文艺复兴时代[②]的色彩。僭主依靠的是尚未成熟的平民的意志,而不依靠已经确立下来的法律。他的权力来自环境,并非得自神授。环境或者意志变了,他的使命也就结束了。他绝没有忠顺的贵族阶级的基岩,也得不到这个阶级能够给予的社会认可和宗教的批准。"(瓦德-吉里:《多里安城邦的兴起》,第Ⅲ卷第22章,The Growth of the Dorian State, by H. T. Wade-gery, ch. 22, vol. Ⅲ, c. a. h.)

[①] 吕底亚美阿母乃德(Mermnadae)王朝的创业君主。他原是吕底亚旧王的侍卫,串同王妃杀了旧王坎道列斯,僭位为王,其时在公元前七世纪初。希罗多德生动地为我们讲述了他弑君篡位的故事,见Ⅰ,7—13。

[②] 西方史家常把克里特-迈锡尼文明列为希腊的灿烂的古代,把多里安人入侵以后的四五百年比拟为近代西方以前的黑暗的中世纪,把公元前七世纪继荷马、希西阿兴起的抒情诗时代比之为近代西方的文艺复兴。

这就是说僭主是事实上的王，然而王权起源于宗教色彩浓厚的古代，王权周围围绕有神佑的光轮。僭主崛起于希腊的"人文主义时代"，他在希腊那些蕞尔小邦的城市居民，特别是其中的贵族和知识分子眼中，是和自己一样的凡夫俗子，所以他的周围怎样也蒙不上一层神秘的天命。所以，虽然王和僭主事实上同样是最高政权的篡夺者，王被视为合法的首领，僭主则被视为不合法的，或非宪政的政权僭窃者。"僭主"着重地译出了"Tyrant"一词中政权篡夺者的意思，使用这个译语，显然比使用"暴君"一词要妥当一些。

僭主是城邦特殊条件下的产物

如果着重于"僭主"一词的篡夺者或僭窃者的意义，那么，我国战国时代分晋的三家韩、魏、赵是僭主，取代姜齐的田成子是僭主，崛起草莽的刘邦也是僭主。然而二千多年来我国史家虽有直书弑君的传统，虽有正统与非正统之争，都从来没有僭主这个概念。一切开国皇帝，无论是农民暴动中崛起的刘邦、朱元璋，无论是欺凌孤儿寡妇的赵匡胤，无论是挟天子以令诸侯，终于达成"我其为周文王乎"的曹操，都是"奉天承运"的天子。其实，往上推溯，被孔丘捧到天上的文武周公的道统，从殷商"法统"的观念来看，又何尝不是僭主？

开国帝王吹捧为"奉天承运"的天子，不仅我国古代有，希腊罗马文明传统中也有。马其顿亚历山大征服波斯，威行天下，希腊的知识分子纷纷尊他为神。罗马的恺撒，死后被祀为神，这是共和罗马转为帝国罗马必不可少的宗教上和思想上的准备。然而城邦希腊的专制君主却被称为僭主，永不能获得"神授王权"的尊荣，这是城邦特殊条件下所产生的结果。

希腊城邦是一些蕞尔小邦，一个城市及郊区就是一个国家，它们不像广大的领土国家那样，可以在王国中央建成一个住居着王室及朝廷以及为王室及其朝廷服务的形形色色人员的王都。这样一个王都，唯有广大领土的国家才供养得起。同样，也唯有有这样一个王都，王权才能用辉煌的宫殿、神庙、仪仗、御林军装饰起来；又唯有有这些装饰，"奉天承运"的谎言才能发生效力。蕞尔小邦的希腊城邦，僭主周围虽然围绕着一批雇佣卫队、顾问和战友，但规模究竟有限。深宫幽居，故示神秘，森严戒备，盛饰仪仗，都是他们所办不到的。而他们兴起的时候，又值希腊古代王权传统已被航海、贸易、神人同形的宗教、人文主义的文艺所摧毁，贵族阶级亦即知识阶级充满着一种"玩世不恭"的不信神的精神的时候，要让贵族阶级把属于他们侪辈的，只因为手段高明而获得了政权的僭主尊为神佑的王是绝对办不到的。于是这些事实上的专制君主，只能是僭夺者和篡窃者的僭主了。

希腊僭主，也有力图建成王业的。叙拉古三次出现大僭主，头二次的吉伦（公元前五世纪前期）和岱奥尼素（公元前四世纪前期）都有战胜迦太基的武功，他们力图建成王业的手段，包括依靠雇佣军臣属周围城邦，以及把附近希腊城市的居民迁到叙拉古以扩大该城，并在该城地势险要的一角，建设堡垒林立、警备森严的王宫。确实，假使不通过兼并把城邦转化为领土国家，蹂躏城邦制度中的战士-公民这个因素，用强力把它转化为臣民-雇佣军制度，假如不建立宏伟森严的王都及王宫，僭主永远转化不成为奉天承运的"王"。希腊史上，做到这一点的，除西西里而外，还有一个南俄的旁提卡彭。格拉脱说，两者有一个条件是相同的，即他们周围有希腊化或半希腊化的当地人民成为雇佣军的来源，这是那里僭主传统强烈，得以从僭主转成王业的原因。其他地方，无论是早期僭主还是晚期僭主，总不过是僭主而已。

亚里士多德论僭主

身为亚历山大老师的亚里士多德，在他的《政治学》中对王政是竭力加以美化的，对僭主则很不恭敬。他的《政治学》中，多处论到僭主，满是讥嘲的口吻，他说，有一种僭主政体是：

"单独一人统驭着全邦所有与之同等或比他优秀的人民，施政专以私利为尚，对于人民的公益则毫不顾惜，而且也没有任何人或机构可以限制他个人的权力。"（第203页）

他也纵论僭主的"僭术"：

"相传……僭主司拉绪布卢（米利都）曾遣人问计于另一邦（科林斯）的僭主伯利安德。伯利安德正站在黍田之间，对使者默然不作答，而以手杖击落高大的黍穗，直至黍穗四顾齐平而止。使者不懂他的用意，就这样去回报主人。司拉绪布卢听到了，心里知道伯利安德是在劝他芟刈邦内特出的人。"（第155页）

"(僭主)还须禁止会餐、结党、教育以及性质相类似的其他事情——这也就是说，凡是一切足以使民众聚合而产生互信和足以培养人们志气的活动，全都应加预防。此外，僭主也须禁止文化研究及类似目的的各种会社。总之，他应该用种种手段使每一个人同其他的人都好像陌生人一样。……僭主还要使住在城内的人民时常集合于公共场所，时常汇集在他的宫门之前。这样僭主既可以借以窥察人民的言行，也可由此使大家习惯于奴颜婢膝的风尚……"（第292页）

"僭主的习惯就是永不录用具有自尊心和独立自由意志的人们。在他看来，这些品质专属于主上，如果他人也自持其尊严而独立行事，这就触犯了他的尊严和自由；因此僭主都厌恶这些妨碍他的权威的人。僭主还有宁愿以外邦人为伴侣而不愿结交本国公民的习性……他们感到外邦人对他们毫无敌意，而公民都抱有对抗的情绪。"（第294—295页）

初期僭主的历史作用

然而亚里士多德是奴隶主利益的拥护者，他也激烈反对平民政权（他所称的"民主政体"），力主平民有权参与议事或审判的贵族政体，因为当政需要贤人，而唯有贵族才是贤人。既然如此，他当然不会懂得初期僭主在历史上还起过巨大的作用。

公元前七世纪至公元前六世纪的僭主，史称为初期僭主，以

第五章 公元前八世纪至公元前六世纪的希腊世界

别于伯罗奔尼撒战争以后战乱频仍的时代中，依靠雇佣军起家，僭窃政权的那些军阀僭主，即所谓后期僭主。他们所处环境不同，所起作用各异，大体上矛头是针对民主政体的，西西里的阿加托克利斯（Agatocles，公元前三世纪）即其一例。初期僭主所取代的政权，大体上是贵族寡头政体，所依赖的力量，是无法忍受经济上惨遭剥削和政治上绝对无权的农奴或平民。他们当政以后念念不忘的固然是一己的或家庭的私利，可是为此他们就必须采取牺牲贵族、有利平民的政策。上引瓦德-吉里文中所说，他们"依靠的是尚未成熟的平民的意志"，是说得很对的。因为如果平民已经在政治上成熟了，他们就无须依靠僭主来贯彻他们的意志，他们可以自己起来革命，建立民主政体；或者，至少利用平民意志的贵族，已经不能建立僭政，只能在民主政体的框架中获得一己的领导权了。正是因为两个彼此敌对的阶级，一个已经统治不下去，一个还未成熟到可以统治，两个阶级之间的斗争胜负不决，行将两败俱伤，于是才出现凌驾于两个阶级之上的僭主专制政体，用强力来把社会维持下去。公元前七世纪至公元前六世纪希腊世界的普遍状况是：继僭主政体以后，出现了普遍的民主政治时代，僭主政体所起的，正是从贵族寡头专政到民主政治的过渡作用。

上述这种历史过渡作用，在某种程度上也见于小亚细亚诸邦作为吕底亚、波斯藩臣儿皇帝的那些僭主。那些城邦工商业一般比较发达，传统的负担较少，从贵族政体向民主政体的过渡理当较为顺利，而在外力干涉不到的地方，例如累斯博斯、米提利尼、基俄斯等岛屿，也确实是民主政体发源之地。吕底亚、波斯的进犯打断了正常的历史进程，那里普遍出现了僭主，而且是儿皇帝式的僭主,这是和希腊本土的科林斯、雅典不同的地方。然而这些僭主为了维持自己的统治,所采政治一般不能违背压抑贵族、加惠平民的常例。这样,上面所说僭主政体的历史过渡作用在他们身上也或多或少地体现出来了的。但是"过渡作用"总限于一个短暂的时期,僭主的第二代、第三代又无例外地愈来愈陷于贪婪、残暴与无能,这是"城邦的人"——公民所忍受不了的。公元前五世纪初,小亚细亚藩属波斯的城邦反抗波斯统治的起义,事实上同时也是反对僭主统治的起义。希波战争的胜利,也使那些地方的僭主政体一扫而空了。

民选调解官

当城邦的阶级斗争激化,需要一个独裁者来调解敌对阶级的利益的时候,希腊有过民选调解官①或民选独裁者的例子,雅典的梭伦、米提利尼的彼塔卡斯是著名的两个例子。亚里士多德认为民选调解官"约略相当于公举的僭主,……这种统治职位有时及于终身,有时为时若干年,或以完成某些事业为期"。吴寿彭考证:

"'艾修尼德'这名称见于荷马《奥德赛》者为运动会中的裁判员,见于亚里士多德残篇者为库梅执政官的通称。这里所述具有特大权力的'民选总裁'制度,米利都古代……

---

① 缪灵珠所译塞尔格耶夫《古希腊史》中,译"Aesympites"为"民选官"(第154页)或"民选调停官"(第182页),吴寿彭所译亚里士多德《政治学》中,译此词为"民选总裁"。

和优卑亚古代……都曾有过，哈里加那苏（Halicarnassus）的狄欧尼修（Dionysuis）《罗马掌故》……说，希腊城邦的民选总裁和罗马的'狄克推多制'（独裁制）相同，世人往往视为僭主。"（亚里士多德：《政治学》，第160页译注）

这里所说的类似僭主是指他们具有独裁权力，而不是指他们是"僭窃政权者"，因为他们既是民选的，就谈不上什么僭窃政权了。而且梭伦和彼塔卡斯两人有一切机会可以建立世袭的僭政，然而任期届满时都自动放下政权，更不类僭主行径。大征服以前，共和罗马时期国家处于紧急状态时不止一次选出独裁官，当民主政制还富有生命力，兵制还是公民军的时候，这些独裁官也都任满离职，并未企图僭窃最高政权。所以，民选调解官和僭主一样，都是城邦制度的特殊产物，专制主义盛行的"东方"，是不可能产生这类史例的。

僭主和民选调解官何以不见于我国古代

然而，当我们说僭主或民选调解官是凌驾于两个敌对阶级之上的国家权力，它是城邦制度的产物的时候，事实上已经隐默地设定了一个前提，即城邦政治是一种阶级政治。说得具体一点，那就是指在通常的不需要什么僭主或民选调解官的状态下，城邦政权掌握在利益互有冲突的两个或两个以上阶级中的一个阶级手里，而城邦的法律就是统治阶级的意志。显然这就是马克思主义国家学说的实质，马克思和恩格斯对于法国两个拿破仑专制主义皇朝的分析，事实上也就是我们对于希腊初期僭主的历史作用的分析。这里我们要提出一个问题,既然僭主、民选调解官之类的史例不见于我国古代,也不见于一切专制主义的"东方",那么,上述国家学说又应该如何具体应用于我国和"东方"?

当然,我国古代和任何东方国家,阶级和阶级斗争是存在着的,而且是十分深刻的。然而专制主义政治有一点显然完全不同于城邦政治:那里不许可社会的各个阶层组成为政治上的各个阶级,那里没有以其政纲体现与代表不同阶级的利益的政党或政派。专制主义政体自以为"抚民如抚赤子",亦即一切阶级无论其利害如何不同,均被视为皇帝的子民,皇帝自命为一视同仁地照顾他们的利益,不许结党,不许发表不同于皇帝的政见,不许干预皇帝的施政。事实上,一方面皇朝残酷地剥削人民,成为人民利益的最大敌对者,另一方面,皇帝的庞大官僚机构又每日每时都在产生出新的贵族阶级,帮助皇帝剥削与统治。这样,皇朝政权及其官僚机构自己处于敌对阶级中的一方,而又讳言阶级,严禁结党,阶级斗争就只好采取骚乱、暴动、农民战争和皇朝更迭的形态。在这种状况下,阶级政治的城邦制度的一切现象当然不会出现,皇朝政权也就绝不是什么凌驾于敌对诸阶级之上的,也无力让各阶级之间胜负不决的斗争不至于弄到两败俱伤,使社会得以持续下去。

立法者

立法者(Lawgiver)在希腊史上有两种意义:一是编纂法典,使之成文化,并予以公布的政治家兼法学家,旧邦如雅典的德拉孔,新邦如建城不久的西西里的卡塔拉(Catana)请卡伦达斯(Charondas)为之立法。第二种是梭伦、来库古等实现了社会和政治制度上的重大改革的立法者兼最高政权的执掌者。例如梭伦就在他"民选调解官"的任期内立了新法,改革了旧制,其历史意义,以前屡次说到,这里不再重复。

"立法者"这个名词,是文艺复兴以后的西方人常常使用的名词,如孟德斯鸠、卢梭,这个名词在我国和"僭主""民选调解官"一样是陌生的。近人麦孟华(康有为的门生,见所著《商君评传》)说:"中国……数千年来未闻有立法之事,惟求之于二千年上,其有足与来库古、梭伦相仿佛者,于齐则得一管子,于秦则得一商君。"在某种意义上说,这种比拟也是可以的,但是管仲、商鞅是君主的顾问和大臣,而不是民选的调解官;他们的立法活动,是为君主谋富国强兵,而不是为了调整阶级关系;他们立法取消了世卿政治,但是所确立的政治制度是专制政体。希腊的立法者,则把贵族政体基本上改变成了民主政体,甚至斯巴达的来库古也不算例外。何以两者间有此差别,看起来,上面的解释也是适用的。春秋战国时代,正当我国历史转变的关头,但是从殷商到西周、东周长期"神授王权"的传统,已经决定了唯有绝对专制主义才能完成中国的统一,才能继承发扬并传布中国文明,虽然这种专制主义使中国长期处于停滞不前、进展有限的状态之中,但这是历史,历史是没有什么可以后悔的。

第六章
城邦希腊从极盛到衰亡
——公元前五世纪至公元前四世纪的希腊

第一节 概况

城邦希腊的发展和希腊城邦制度的最后形成,都以希腊人得以比较自由地殖民于东西南北为其先决条件。大体说来,时期愈早,这个条件愈充分,时期愈晚,困难愈大。由上章,我们已经知道,公元前七世纪起,希腊人在东方首先是面临强大的吕底亚王国,以后又面临更强大的波斯帝国,以至小亚细亚的希腊人不得不作避难移民,或则屈服于吕底亚、波斯的统治。在西方、从公元前八世纪起,希腊人和伊达拉里亚及迦太基之间移民竞争十分激烈。总的说来,公元前六世纪末,地中海和黑海周边可以殖民的地方或者已经分割完毕,或者因为内陆强国的阻力,新殖民城市已经没有建立的余地了。以本土为中心的希腊世界到公元前六世纪末已经定型,从此再也没有扩展,希腊城邦制度,经过长期演变,到此时也已最后形成,灿烂的希腊文明就是在这个根基上成长起来的。

第六章　城邦希腊从极盛到衰亡

公元前六世纪以前，希腊世界的扩张，绝不是和平的扩张，进入公元前五世纪以后，希腊人更面临着对外战争的考验。其实，从公元前六世纪中期波斯崛起于东方以来，战争愈来愈不可避免。只是因为希腊的小亚细亚诸城迷恋于长期来经济发展和"分裂繁殖"的传统，又因为他们本来就和当地人民混合，个人主义和世界主义的意识比较浓厚，民族感情不甚强烈，一时竟然安于藩属波斯的处境。公元前五世纪后期，波斯在征服小亚细亚后继续南进，公元前540年征服巴比伦，当时屈服于巴比伦的腓尼基诸邦（推罗、西顿等）随而成为波斯的藩属。公元前525年前后，波斯又征服埃及。自此以后，小亚细亚希腊诸邦处境愈来愈恶化。公元前五世纪初发生了伊奥利亚希腊诸邦反波斯起义，成为希波战争开始的信号。从此以后，直到公元前四世纪末期亚历山大征服波斯，二百年间，希腊、波斯一直处于敌对状态之中。城邦希腊和希腊城邦制度在对波斯的长期斗争中经受了种种考验，在这些考验中，城邦希腊发展到它的极盛时代。然而斗争最后结局却是波斯被希腊人征服了，城邦希腊也在斗争中消亡了。这二百年的历史，显示了城邦制度的长处，也显示了它的致命弱点。不熟悉城邦制度的中国人，在比较仔细地研究了这二百年的历史以后，确实可以对城邦制度获得比较深刻的理解。

西方希腊也面临强敌。公元前六世纪以后和希腊人在西地中海激烈竞争殖民地盘的伊达拉里亚，在与公元前五世纪兴起的罗马的斗争中衰弱下去了，而罗马又要到公元前三世纪才得以完成意大利中部的征服，所以"大希腊"一时还没有北面来的威胁。但是公元前五世纪初的迦太基，经过国内剧烈的政治变革以后，建成了一个以雇佣军为基础的强大的海上帝国，正在波斯人积极西犯的时候，它第一次集合全帝国的力量组织大军登陆西西里，这就是和希波战争同时发生的希迦战争。和希波战争一样，希迦战争也持续了好几百年，西西里和"大希腊"诸城邦，在长期战争的考验中所走的道路和"东方希腊"颇不相同。结果是，西方希腊对迦太基的战争由罗马接了过去，在三次布匿战争中罗马征服了迦太基帝国，附带也征服了西方希腊。西方希腊的历史，也构成了城邦希腊消亡史的一部分。

公元前五世纪以后的希腊史，希腊罗马时代就留下了浩瀚的文献，该时期的重大历史事变，后世所知史实颇为详细。我们现在打算把这二百年间的历史压缩为一章，只能简略地提到一些演变的脉络，其间波澜壮阔的史实，中文文献也有不少可以参看，我们就力从简略了。

第二节　希波战争

伊奥利亚起义

波斯征服吕底亚，先于它的征服巴比伦和埃及，已如前述。当时东方世界从事航海商业的，除希腊而外，唯有屈服于迦勒底巴比伦的腓尼基和到此为止还保持了独立的埃及，所以，小亚细亚的希腊城邦，是初兴的波斯帝国唯一可以依靠的海上力量。加之波斯大帝居鲁士的帝国政策，对于他所征服的诸民族，在政治上允许某种程度的自治，在宗教上和文化上则是宽容地兼收并蓄的①,所以伊奥利亚藩属波斯初期,它们的经济发展大概没有受到什么严重影响,只不过各城都建立了亲波斯的僭主政权,中断了正常的政治演变过程而已。公元前540年及公元前525年,波斯分别征服了巴比伦与埃及,从此波斯可以利用的海上力量增多了。尤其腓尼基诸邦拥有巨大的商业和武装舰队,一向是希腊海上贸易的敌人,两者同处波斯属下,大概还进行着一种向帝国争宠以扩大商业利益的竞争,而竞争的结果则不利于希腊人,这就造成了希腊城邦的经济危机。希腊人民对于波斯的统治和作为波斯傀儡的僭主们的不满也因此而逐步加深,终致爆发了公元前499年的伊奥利亚起义。

起义经过,希罗多德给我们讲了许多娓娓动听的故事(见《历史》,第Ⅴ章第30—38、49—51、97—126页;第Ⅵ章第1—33页)。近代史家对其进行了严谨的批判,认为他把起义的原因归结为少数野心家的阴谋活动是不可凭信的。事变细节,这里概从省略。总之,起义的首领是居于伊奥利亚首位的城邦米利都,伊奥利亚诸城邦在起义中有过一时的团结,甚至雅典也派去了20条船舰。公元前498年,希腊联合舰队打败了由腓尼基人组成的波斯海军,进军前吕底亚王国首都——当时波斯小亚细亚领土的统治中心萨第斯,焚毁了这个城市及其圣殿,然而未能攻克卫城。波斯集结大军转为反攻。起义军政治上不团结,指挥不统一。公元前494年,波斯(腓尼基)舰队败希腊舰队于拉得岛,攻陷米利都,把它化为焦土。从此,在一个时期曾是希腊文明中心,

---

① 居鲁士征服巴比伦后,允许被迦勒底巴比伦迁移到巴比伦的犹太人返回故土,还允许他们重建被毁的耶路撒冷城及其圣殿。(见《旧约·以斯拉记》,圣经官话译本中的"古列"就是居鲁士)

也是伊奥利亚希腊人的首府的米利都，就一蹶不振了。

马拉松之役

波斯镇压了伊奥利亚起义之后，两三年内，小亚细亚大陆海滨的一切希腊城邦再度逐一屈服，接着波斯军队就渡过海峡，进军色雷西亚海岸，并派遣使者到希腊本土诸邦要求"水和土"（屈服的象征）。

有两个雅典人在希波战争初期起了特殊作用。一是因竞争离国到克索尼苏斯去当蛮族人君王的希腊显贵家族的米太雅德（参见上章第三节）。公元前493年，当波斯进犯色雷西亚时他回到雅典，为祖国效命，成为马拉松之役的雅典军统帅，击败了波斯军，这是希波战争中希腊人的第一个胜仗。一是僭主庇色斯特拉托的儿子希比亚，引导波斯军从海上经西克拉底斯群岛直接进犯雅典，时在公元前490年。这就是历史上著名的马拉松战役，现在的"马拉松长跑"就得名于此。

马拉松之役，波斯一军登陆雅典对岸优卑亚大岛的爱勒特里亚围攻此城，雅典军拟取道西海岸的马拉松渡海趋救；波斯另一军为阻拦援军，登陆此地，两军相遇，对峙数日。雅典军统帅米太雅德于获悉爱勒特里亚被攻破，攻城波斯军行将从海道登陆雅典西海岸庇里犹斯时，立即进攻波斯军，两军兵力大体相等，波斯军死伤过半，雅典军伤亡轻微，就得全胜。雅典军战胜后全速行军转趋庇里犹斯，波斯军不敢再登陆，即由海道撤回。

马拉松之役是希波战争中希腊方面第一次赢得的胜仗，这个胜仗是雅典一国独立赢得的。斯巴达领导的拉凯戴孟盟军因出发迟缓未及参战。

马拉松之役后雅典的海军建设

波斯军第二次进犯希腊本土,在马拉松之役后十年。在此期间,有些希腊人认为波斯军在马拉松受创后不敢再度东犯。这十年中本土诸邦间和从前一样有彼此间的争执和小规模的战争。雅典和埃吉纳争霸海上的战争就是这类战争中的一个。雅典政治家特米斯托克列斯(Themistocles)独具远识,利用雅典和埃吉纳战争的机会劝导雅典人大举建造新式的三列桨战舰二百艘,准备应付行将到来的波斯进犯。这种战舰每艘需配备桨手150人(一说170人),建舰经费利用开发劳里翁(Laureum)银矿(银矿租给私人开采,每一个承包人需交一塔兰同即26.2公斤的银币,并征收开采取得白银的二十四分之一)所得国库收入(这部分国库收入本来是分配给每个公民的)开支。战舰于公元前480年大战前夕建成,为建设这些战舰,著名的庇里犹斯海港也开辟出来了。

战舰桨手,由公民中的贫民担任,战舰上的陆战队员,即是从前的陆上公民军。此后雅典霸权,全靠海军,因此贫民在政治上的地位大为提高,这是伯里克理斯民主的一个重要因素。

薛西斯的进犯和希腊本土的解放

马拉松之役,是在波斯大帝国大流士(Darius)一世在位时进行的。公元前485年,大流士死去,薛西斯(Xerxes)继位。薛西斯于镇压埃及和巴比伦反波斯起义后,即着手进军希腊本土的准备。他从庞大的波斯帝国各州征集陆军,从伊奥利亚诸希腊城邦和腓尼基、埃及征集海军。公元前480年,陆军渡过达达尼尔海峡,经色雷西亚海滨,南下特萨利亚,侵入希腊本土。

强敌压境前夕,希腊本土诸邦集合于科林斯,决定消弭内战,共御侵略,订立了反波斯的军事同盟,盟主是原已存在的拉凯戴孟同盟盟主斯巴达。但是,本土诸邦虽然多数参加了同盟,抗战坚决的,主要是雅典和以斯巴达为首的拉凯戴孟同盟诸邦,北部中部诸邦态度暧昧。拉凯戴孟诸邦地处伯罗奔尼撒(Peloponnese)半岛,波斯军从陆上进入半岛,有科林斯地峡天险可资防守,而且拉凯戴孟同盟成立以来已将近三百年间,半岛内部长期没有内战,同盟的陆军兵力是希腊首屈一指的,对抗击波斯的胜利具有信心。不过即使如此,伯罗奔尼撒本岛上还有斯巴达的宿敌阿尔哥斯,它在战争中通波斯,守中立,没有参加科林斯同盟。倘使希腊人不首先消灭波斯舰队,波斯军可以在地峡以南守军后方登陆,伯罗奔尼撒的优越战略防御地位也就失去作用了。这样,海战在战争中就起了决定作用。希腊人唯有海战胜利,掌握制海权,战略上才有把握以伯罗奔尼撒和科林斯地峡天险为最后的基地,抗击波斯陆军。

在这样的战略形势面前,通过希腊内部的种种矛盾,和一些领袖人物所起的作用,战争经历了以下诸阶段:

甲,波斯军长驱直入阶段。希腊军原拟在特萨利亚的腾皮谷及其附近海面阻击波斯陆军及海军(当时的海军都靠岸航行,并必须和陆军取得联络),以拉凯戴孟同盟军为主力的希腊联军已开到此地,希腊舰队也开进附近海面,但因特萨利亚当政贵族态度暧昧,不利决战,再度退却,决定在希腊中部温泉关及其附近海上的阿提密西安(Artemisium)海角,以陆海两军阻击波斯军。温泉关战役中,斯巴达王李奥尼达所率陆军三百人凭天险抗击波斯大军,全军壮烈牺牲。海军在阿提密西安获得胜利。不过波斯舰队虽受重创,仍占优势。

乙,萨拉米(Salamis)海战扭转战争局势。温泉关及阿提密西安战役后,希腊军继续退却。此时希腊北部中部诸邦全部附敌,波斯军陷阿提卡,雅典全民登船避居萨拉米、埃吉纳两岛和南面伯罗奔尼撒半岛上的特洛真,雅典城被焚毁。希腊诸邦联合舰队,以雅典船舰为主力,在萨拉米岛海面上迎击波斯舰队,打了一场海军的决战,史称萨拉米海战,获得全胜。波斯舰队大部被歼,残余船舰返航小亚细亚,制海权落入希腊军手中。

丙,波斯军退却和希腊军追击的阶段。萨拉米海战后,率军亲征的波斯大帝恐惧失却制海权后无法渡过海峡返回小亚细亚,于是除留一军在彼奥提亚继续与希腊军对峙而外,全军后撤。波斯军是一支人数巨大、成分庞杂的波斯统治下形形色色的民族组成的队伍。按希罗多德夸大的估计,战斗部队达一百七十万人,连同各色各样的随军人员,总计达五百多万人。这当然是不可能的。但是,即使把这个数目降为五十万,这还是一支数目大、成分杂的军队。这样一支军队,深入敌国,现在仓皇后撤,可以设想无法保持有组织的后勤供应,它会造成异乎寻常的混乱是势所必然的。后撤军队究竟有多少返达小亚细亚,难于推测。薛西斯及其行官,当然是安然返回了。

薛西斯所留与希腊军对峙的一军是全军主力,有坚强的领导。这支军队在公元前480年冬季退入彼奥提亚过冬,翌年再陷阿提卡,力图诱迫雅典单独媾和。几经曲折,拉凯戴孟全军出地峡和雅典军会合。公元前479年春,在著名的布拉底(阿提卡和彼奥提亚边境)战役中,希腊军获得全胜,波斯殿后军全军被歼。

与此同时,希腊联合舰队追击波斯舰队残余于小亚细亚海滨的密卡尔(Mycale),波斯舰船全数被焚毁。

布拉底战役希腊军统帅为斯巴达王波桑尼阿斯(Pausanias),其中雅典军由亚里斯特底斯(Aristades)指挥。密卡尔战役,联合舰队统帅为斯巴达王利俄提基德(Leotychides),其中雅典舰队由桑西巴斯(Xanthippus,伯里克理斯的父亲)指挥。在此以前,亚里斯特底斯和桑西巴斯两人都曾按陶片放逐法放逐海外,大战前夕,雅典人决定流放的人一律准许回国,得以建立战功。

公元前479年,希腊本土全境解放。

小亚细亚及爱琴海上希腊诸邦的解放

布拉底战役以后,下一个阶段是小亚细亚及爱琴海上希腊诸邦的解放。

现在,战争的主动权始终操在希腊人手里。公元前479年密卡尔战役后,小亚细亚西面爱琴海上四个大岛累斯博斯、基俄斯、塞莫斯、罗得自然而然获得了解放。希腊人的下一个目标是打通被波斯阻断的黑海航路。公元前478年,收复达达尼尔北侧克索尼苏斯半岛上的塞斯都斯(Sestos)和拜占庭(Byzantium)。拜占庭之战,波斯率军投降,从此,黑海粮食又可源源输出。同年,希腊人还收复了塞浦路斯岛上原属希腊人诸邦,岛上的腓尼基城市未能攻克,以后还长期藩属于波斯。

色雷西亚还有强大的波斯守军。公元前476年,希腊联军在奇蒙指挥下进军该地,围攻斯特赖蒙(Strymon)河上的埃翁(Eion)城,进行了长期的围城战,全歼波斯守军。此后希腊人又围攻爱琴海上背离提洛同盟(参见下文)的纳克奈斯岛和海盗巢穴的西罗斯(Scyros)岛。至此,爱琴海全入雅典掌握。

公元前467年左右,希腊军与波斯军又会战于小亚细亚南岸中部的攸利密顿(Eurymedon)河上。在此以前,小亚细亚西岸自米利都以北的大陆滨海诸城邦,大体上均已脱离波斯获得解放,自米利都以南,波斯还驻有大军,大陆上的希腊城邦还在波斯轭下。奇蒙率三列桨战舰二百艘集中于库都斯(Cuidus),不久,在攸利密顿附近海面歼灭波斯海军,俘战舰一百艘,接着又俘增援军舰八十艘。海战获胜后,奇蒙立即登陆攸利密顿河口,奇袭波斯陆军,波斯军溃败。

攸利密顿之役是亚历山大东征以前,整个希腊世界团结一致进行对波战争的最后一次战役。自此以后,希腊与波斯之间的关系,就和雅典、斯巴达争霸的内战交织在一起了。公元前449年,雅典和波斯签订的卡利亚斯(Kallias)和约,名义上是公元前480年开始的希波战争的结束,事实上,此时雅典与斯巴达的战争已经进行了很久,而且进行得十分激烈,和约的签订已经以争霸为背景了。

希波战争的重大历史意义

希波战争的历史意义是十分巨大的。希波战争以前,古代文明世界的典型的政治形态是一种"神授的王"统治广大的领土、埃及、巴比伦、亚述、赫梯、吕底亚、福里基亚、米地（Mede）以及大卫所罗门时代的以色列王国都是这种类型的国家。城市国家诚然是有的，腓尼基的拜布罗斯、泰尔、息敦都是"城市王国"，并以航海商业为生，然而在当时的"世界政治"中，它们都不过是几个大帝国争夺的目标，从来没有，也不可能在历史上起什么积极主动的作用，也没有创造出有别于起源于这些古老帝国文明的新文明来。希腊文明本身也渊源于这些古老的东方文明，因为它从头到尾是海上文明，一连串历史事变又促使它发展起一种自治自给的城邦制度，这种城邦制度在可称为偶然的历史条件下——小亚细亚内陆在赫梯崩溃后长时期内没有出现强大的王国——居然获得了充分发展所必要的几百年时间，它不仅在海外巩固了，希腊本土也城邦化了。自治自给的、个人创造能力有充分发展余地的城邦制度，在这几个世纪中，在经济、军事、科学、技术、文化、艺术等各个方面，充分吸收了东方古文明的遗产，加以消化，加以改造，并以跃进的速度加以提高。公元前六世纪波斯征服以前，事实上希腊文明已经高于"东方"文明。然而自治自给的城邦制度有一个致命的弱点，它的个人主义和城邦本位主义，使它在强大的外敌侵犯面前显得是一盘散沙，使它宁愿各别屈从大帝国成为它的藩属，无法团结起来外御强敌，并在对外战争中谋求民族统一。其结果，藩属帝国的那些城邦，还势必要派兵出钱，在帝国旗帜下向本民族的其他城邦进攻。吕底亚王国兴起后，小亚细亚诸邦先后藩属于吕底亚，有的城邦僭主还成为王国的驸马（埃弗塞斯的例子）。波斯兴起后，只有避难移民，却没有团结抗战的打算。海滨城市成了波斯藩属，波斯统治一时还伸不进来的海岛城邦，却利用这个机会，幸灾乐祸地扩大自己的势力（塞莫斯利用米利都藩属于波斯在爱琴海上的扩张）。所有这些，都已经充分证明了城邦制度的致命弱点。公元前五世纪初的伊奥利亚起义，是希腊世界的一个部分团结抗敌的第一次企图，起义虽然失败，福利尼卡斯(Phrynichus)以悲剧《米利都的沦陷》在雅典上演，使观众清然泪下，从此以后，团结抗敌逐渐成为"一盘散沙"的城邦希腊的一致要求。这种要求在不久前驱逐了僭主、贯彻发展了梭伦民主的雅典显得特别强烈。于是，虽然薛西斯动员了整个东方世界的全部人力物力，包括腓尼基海军，也包括小亚细亚诸希腊城邦，甚至包括新近归附的希腊本土北部、中部的希腊诸邦的力量，以泰山压顶之势扑向雅典和斯巴达所领导的希腊南部诸邦联军，结果竟以彻底失败告终。这次战争的结果，充分证明了创造和发展的希腊文明优于停滞不前的东方文明，虽然前者的历史远不如后者的悠久。也证明了城邦制度固然会在各城邦之间造成互不团结，然而城邦内部的民主制度，不仅在和平生活中发展了各个人的创造能力，在存亡危急关头也把千万人团结成一个人，对敌人做坚决的斗争，一旦外敌侵犯使这些城邦集结起来成为坚定的抗敌同盟，它就完全可以战胜在专制主义统治驱迫之下的貌似强大，实际上离心离德的帝国军队。希波战争就是这样一个历史转折点。希波战争胜利以后，创造的而不是墨守成规的希腊文明从此跃进得更快，"古典时期"的希腊，是人类文明的极其光辉灿烂的阶段，对后来历史的积极影响是不可估量的。这是我们研究希腊城邦制度时所不可不注意的。

然而城邦希腊并没有在希波战争中克服它制度上固有的致命弱点，这种弱点，在此后一百五十年的历史演变中，最后竟不可避免地导致了城邦希腊的消亡……

第三节　提洛同盟与雅典帝国

提洛同盟的成立

公元前480年开始的希波战争，希腊军是科林斯会议上成立的反波斯同盟的盟军，这个同盟的领袖是斯巴达。斯巴达成为希腊本土诸邦抗击波斯的战争领袖是必然的：雅典在十年前虽然独立赢得了马拉松战役的胜利，此时它在联军舰队中的船舰数目最大，但是它的军力和经济力量远远比不上拥有伯罗奔尼撒半岛南部地区的斯巴达，何况斯巴达的重装步兵冠绝一时，以它为首的拉凯戴孟陆军又是抗击波斯可以依靠的最大最强的一支军队，而拉凯戴孟同盟到此时为止已有二百多年的历史，斯巴达在希腊的领袖地位也确立很久了。正因为斯巴达是反波斯同盟的盟主，所以不仅布拉底战役的统帅是斯巴达王，阿提密西安海角和萨拉米两次海战的统帅也是斯巴达王，公元前478年远征塞斯都斯、塞浦路斯和拜占庭的几次战役的统帅仍然是斯巴达王。但是斯巴达王波桑尼阿斯累胜之余，滋长起想当波斯大王式的独裁国王的野心，在受到部下抵制之后，进一步阴谋通敌，拜占庭战役中被人发觉，斯巴达的监察委员会召令回国，审判属实,判处死刑。①自此以后,斯巴达恐怕他们派出去的领导人会在外面的花花世界中腐化,不再派兵派人继续参与战争,拉凯戴孟诸邦也随而退出。此时希腊对波斯战争的参加者成分有重大变化,新获得解放的海外诸邦纷纷参战,本土诸邦日趋减少,最后只剩下雅典和优卑亚岛上的卡尔西斯、爱勒特里亚等邦,战争的领导权自然落入雅典手中。形成这种新形势的关键时间是公元前478年的拜占庭战役。

此时科林斯会议上成立的反波斯同盟虽未正式解散,为应付新局势起见,有成立新的同盟的必要。就在拜占庭,雅典将军亚里斯特底斯与参战诸邦订立盟约,成立提洛同盟。称为提洛,是因为爱琴海上的提洛(Delos)岛被选为盟国集合的地点,同盟的金库也设在该岛的神庙中。参加同盟诸盟,包括爱琴海上一切岛屿和小亚细亚、色雷西亚海滨一切希腊城邦。达达尼尔、博斯普鲁斯两海峡和前海(马尔马拉海)诸邦也加入同盟,但黑海南岸迤西的小亚细亚诸邦及黑海北岸海滨诸邦不参加对波战争,不是同盟加盟国家。同盟加盟国家在同盟建立时为数还少,此后对波战争步步胜利,获得解放的希腊城邦愈来愈多,加盟国家也随而逐步增加。同盟极盛时期,小亚细亚南面海滨上某些加利亚城邦也是盟邦。根据当时遗留碑铭,同盟极盛时期加入同盟的城邦及小共同体(大概是未建立城市的希腊移民的农村

---

① 波桑尼阿斯被判死刑后避难神殿,监察委员们下令在神殿四周筑墙封锁,到他快要饿死的时候,才派人把他抬出来,以免玷污神殿。
波桑尼阿斯叛国案件审理过程中,发现雅典将军、雅典海上霸权的奠基者阿提密西安和萨拉米两次海战希腊方面海军统帅特米斯托克列斯也有通敌嫌疑。特米斯托克列斯闻讯潜逃,辗转到达波斯王廷,波斯大王倍加优待,以梅安徒(meander)河上的马格尼西亚(原希腊城市)为其封邑,竟终老在波斯。

或渔村）达三百个，人口总数估计达一千万至一千五百万人。

雅典帝国

西方史家对于提洛同盟一开始的性质，有两种不同的认识。格拉脱认为提洛同盟开始是平权的同盟，一切盟邦均有平等地位，有一样的权利与义务。格拉脱以后的史家认为，根据修昔底德《伯罗奔尼撒战争史》的记载，同盟一开始就具有严重的雅典帝国的倾向。这表现为：第一，盟约是以雅典为一方，雅典以外一切盟国为一方订立起来的；第二，盟国有义务，或者提供一定数量的船舰及人员参加联军，或者免除此项义务而提供一定数额的钱款——实际上是一笔贡赋，而且，哪些盟邦出船出人，哪些盟邦出贡赋，一开始就交由雅典全权决定。鉴于雅典在反波斯战争中的领袖地位，它在战争中所蒙受的牺牲和做出的巨大贡献而赢得的崇高地位，后说恐怕更近于事实。我们倘使考虑到提洛同盟的盟国几乎都曾屈服于波斯轭下，在波斯侵入希腊本土时，许多城邦还曾出船出人加入到进攻的波斯军内，更容易想象雅典一开始就是同盟的主人，同盟发展成为雅典帝国是必然的。不过同盟成立之初，还有定期举行于提洛岛上阿波罗（Appolo）和阿丁里斯（Artinis）[①]神庙中的同盟会议，由它来决定同盟的一般政策，决定对不服从同盟的盟国的强制措施。也许同盟会议的实际义务不过是批准雅典的决定，但同盟的形式

[①] Artinis 估系 Artemis 之误，Artemis 译为阿尔忒弥斯，为希腊的月亮和狩猎女神。——原编者注

总还存在。当时同盟金库也设在提洛岛上,司库也还由同盟会议任命而不是雅典的官职。

同盟建立于公元前479年,不过十一年,纳克索斯岛首先叛离同盟。此岛是一个繁荣富裕的城邦,军力较大,本是"出船出兵"而不是纳贡的盟国。叛离原因,征讨降服的条件如何,均不可考。大概它被讨服后得交出它的舰队,降为纳贡的附庸。此后盟国凡有"叛离",一律用武力征服,并丧失"独立",同盟也就愈来愈变成帝国了。到伯罗奔尼撒战争开始时,唯有基俄斯和累斯博斯两岛还"保持独立",其他盟国已悉数降为附庸,同盟会议已不召开,同盟金库已迁往雅典,金库司库已成为雅典国家的官职,盟国的讼案要到雅典来审理,同盟已不存在,存在的只是雅典帝国了。

城邦雅典——帝国的中心

现在城邦雅典是帝国的中心了。

我们绝不可以把这个帝国中心设想为郡县制帝国的帝都。所谓雅典帝国,是城邦雅典支配一大批纳贡的、在对外政策上听命于它的盟国,由此形成了一个以雅典为中心的城邦集团。雅典本身仍然是城邦,加盟的各个盟邦也仍然是自治自给的城邦。盟邦作为独立国家,主权现在不完整了,因为它们不再能够自行决定它的对外政策。帝国中心的城邦雅典,现在有全权决定这个巨大的城邦集团的对外政策——或者正确一点说,在所谓提洛同盟中,唯有雅典有权独立决定它的对外政策,而城邦雅典的对外政策,自然而然就是整个雅典帝国的对外政策,各盟邦没有参与决定的权利,唯有服从雅典决定之义务。此外,帝国内部诸邦之间必须维持和平，一切争执要服从雅典的裁决。虽然如此，加盟诸邦还各有自己的政府和法律，政体的类型则不免要以雅典为楷模，并非雅典式的民主政体当然是不能存在的。

雅典帝国范围内纳贡的盟邦，每年交纳一定数额的贡款之后，它们的公民不再有服兵役的义务。与此相反，城邦雅典现在除其本身的国库收入而外，还有一笔事实上它可以当作自己的国库收入来任意支配的盟邦交纳的贡赋。希波战争后，雅典跃升为希腊世界首要的商业中心，工业和农业也有很大发展，关税和其他税收为数巨大，加上这笔贡款，国库丰裕。由此，由雅典公民组成了这个庞大帝国的武装部队，公民军在服役期间是领薪饷的，城邦雅典成了"战士共和国"了。又，城邦雅典既是帝国的中心，有许多帝国范围的行政事务与司法事务要由它来处理，这些事务都成了雅典城邦的事务，雅典于是发展起一大批有报酬的公职。

值得注意的是，城邦雅典并不是通过特权的贵族阶级或者组织行政官僚机构来履行它的领导帝国的职能的，相反，在它作为帝国中心的期间，充分发扬了城邦以往的民主传统。在帝国存在的短短时期中，雅典民主竟然达到它的极盛时代——事实上这也是城邦希腊的极盛时代；史家通称的伯里克理斯民主，就出现在伯罗奔尼撒战争大爆发以前的三十年间。

城邦自治与民族统一的矛盾

读者大概早已意识到，"自治自给""分裂繁殖"的城邦，在外敌侵犯面前实在缺乏抵御力量，而提洛同盟-雅典帝国实在是

第六章 城邦希腊从极盛到衰亡

在反对波斯的战争中诞生成长起来的,是文明迅猛发展的希腊世界的民族统一唯一可以寄托的力量。四五个世纪以来,希腊人在"自立门户"的精神下殖民于东西南北,形成了一个经济、文化、语言、宗教上一致的大民族,吸收了古代东方文明,以跃进的速度把它的文明提高到古代世界所不知道的高度。可是,在强大的东方帝国武力侵略面前,几乎面临灭顶之灾。现在它经历了希波战争的严峻考验,胜利地通过了这个考验,瞻望未来,要顺利地发展希腊文明,实现民族统一是唯一可走的道路。提洛同盟-雅典帝国集结了希腊世界最大部分的力量,它以鲜明的反波斯的旗帜与不断胜利的战绩,把原先爱奥里斯、多里安两个并非伊奥利亚系统的海外诸城邦都集合在一个同盟之内,最初这个同盟是巩固的。这个同盟虽然还远没有达到统一整个希腊世界的程度,但这总是一个良好的开端,可以指望它逐步发展,实现民族统一。当然,在提洛同盟-雅典帝国成立以前,希腊本土已经有了好几个集结若干城邦在一起的集团,这里有以斯巴达为首的拉凯戴孟同盟,有以底比斯为首的彼奥提亚同盟,有特萨利亚以四个州组成的联邦。然而,后两者在反波斯战争中"米地化"①了,而且力量较小,一时没有"领袖群伦"的资格。斯巴达及拉凯戴孟同盟成立了二百多年,一直是公认的希腊盟主,但是它在反波斯战争中所蒙受的牺牲和所做的贡献都不如雅典,战争后期,实际上不再参战,不久又因国内农奴的起义而大为削弱。拉凯戴孟同盟中主要

---

① 波斯帝国崛起之初,首先并吞了领土跨及小亚细亚东部的米地帝国。希腊人因为比较熟悉这个帝国,所以也把波斯人叫作米地人。波斯战争前夕,凡对波斯帝国采取屈辱的投降政策,向它献了"水和土",以后又出人出钱参了波斯进犯军的诸邦,被称为"米地化"了。

的海权国家科林斯的殖民和商业利益偏在西方(西西里和"大希腊"),它本身在希腊本土上的安全又必须依靠斯巴达拉凯戴孟同盟,它对拉凯戴孟同盟的对外政策有巨大的影响力量,此时它在"东方希腊"有意识地采取了退让政策,对于雅典霸权并不采取敌视政策。这样,从一切方面看来,以雅典为领导力量,通过提洛同盟和雅典帝国来实现希腊民族的统一似乎是有希望的。以后希腊世世代代的历史家,鉴于雅典民主的进步性,鉴于古典时代希腊文明以雅典为中心获得了光辉灿烂的成就,都对雅典未能完成这个历史任务而深表惋惜,确实不是没有理由的。

然而事实上雅典确实没有能够完成这个任务。原因是多方面的。其中之一是公元前五世纪六十年代以后雅典对波斯、对斯巴达政策的错误,大略经过,我们在次节内马上就要予以介绍。然而根本的原因,还在于自治城邦的精神和民族统一的原则之间,有不可克服的矛盾。我们还不妨大胆推测,当时的任何政治家,不论他的指导政策如何正确,也没有力量足以克服这个矛盾。

城邦的根本精神是自治自给,是完全的主权和完全的独立,这是希腊文明创造性的特征的根本来源。各城邦之间的激烈竞争和导致的倾轧不和,以至经常发生决斗性质的小战争,是其致命的弱点,然而这是随着它的特殊优点即创造性而俱来的。如果听令这种"城邦本位主义"[①]照原样发展下去,它的优点固然可以大为发挥,经济和文化发展因经常获得刺激而大步前进,它那

---

① 城邦本位主义是用我们的政治术语来描述城邦制度的根本精神。西方史家往往把这种精神描述为一种宗教现象,称之为"城邦崇拜"——指每一个城邦的公民把自己的城邦看作实现公民集团共同善果的唯一途径的那种意识形态。见下引贝尔克尔(Barker)的那段话。亚里士多德的《政治学》即以此种意识形态作为他的政治理论的根本前提。

种弱点也无法消除。这种弱点,在强敌侵犯面前尤其是致命的,小亚细亚诸城邦长期甘居波斯轭下,并且不惜出人出兵参加波斯对希腊本土的进犯,几乎陷蓬勃发展中的希腊文明于死地,是此种弱点的集中表现。幸而城邦制度的民主精神激励了希腊人的坚决抗战,城邦希腊在严峻的考验中获得了胜利。但是,根深蒂固的自治独立的要求,使得城邦希腊在灭亡威胁面前战胜了强敌,却没有能够通得过胜利的考验。

城邦雅典在提洛同盟-雅典帝国内对盟邦采取的态度,有的历史家称之为"上邦政策"(塞尔格耶夫),即尽可能把盟国降为出钱买得和平,然而削弱它的主权,使它的公民不再有尚武精神的那种附庸国家。与此同时,又通过各种途径,把它自己的公民培养成为"上马杀敌、下马议事与审判"的群众政治家。时间愈久,盟国愈感到屈辱,无法忍受。一旦有事,它们势必要提出"一切城邦都有权自治"的口号来反对雅典,这样看来,有自治城邦这个原则存在,雅典帝国的基础一开始就是不稳固的。

那么,可不可以设想,通过统一运动把提洛同盟组成一个联邦,或者,雅典把它的公民权慷慨地赋予一切盟国的公民,使同盟成为一个统一国家呢?我们记得,雅典本身就是通过统一运动,把十多个很小很小的城市集合成为一个统一城邦的。我们还知道,雅典帝国成立以前,希腊中部的彼奥提亚同盟,是八个城邦组成的同盟,各城公民保留本城公民权,又另外创设一种同盟的公民权,各城公民都有双重的公民权,而同盟的执行机构是各城邦平权选举出来的。既然有此先例存在,倘使提洛同盟成立之初,雅典的政治家采取这种显明的政策,提洛同盟不就可以长治久安了吗?

然而这是不可能的。提洛同盟成立于希波战争雅典胜利的顶峰，雅典人既然蒙受了如此巨大的牺牲，又对胜利做出了如此巨大的贡献，盟邦是雅典人把他们从波斯轭下"解放"出来的，雅典公民势必自视为理当获得特殊权利的解放者，在民主传统如此悠久的雅典，任何政治家都不可能违背这种群众情绪，所以平权同盟也好，通过把雅典公民权给予一切盟邦的这种统一运动来建立一个统一的国家也好，事实上都是行不通的。这是提洛同盟成立那个短暂时期的形势。那么，也许以后这种感情会平淡下去，平权同盟或统一运动应该是可能的了？

答复还是否定的。一方面，城邦雅典从帝国所得的特权日益成为既得权利，时间愈久，变更愈难。另一方面，彼奥提亚同盟也好，雅典的统一运动也好，都限于十分狭小的地域，在地理上，它们都没有超出城邦原则所允许的界限。提洛同盟范围如此广大，加盟城邦如此众多，在古代交通条件下要在如此广大范围内实现平权同盟或统一运动是难于想象的。这里，城邦的另一个原则即公民之间的紧密的接触起了不可克服的障碍作用。贝尔克尔说：

"公元前五世纪中，雅典曾经企图搞城邦的统一，它的伸展得很远的帝国曾经包括爱琴海上所有的岛屿和海滨。它的政策失败了；它的失败是因为它和它的盟邦同等地受到了（自治自给的城邦神圣不可侵犯）这种思潮的妨碍，所以不能上升到一个大的非城邦的、联合在一种共同公民权中的国家的概念。在雅典这方面，它不能把它的公民权扩大到盟邦去，因为它的公民权意味着——而且，也只能够意味着——出生于雅典，完全地参与到雅典当地的生活、习性和气质之中；在盟邦这方面，即使被赋予雅典的公民权，它们也不能接受，因为这些城邦的公民权，对它们来讲所意味的是恰好同样的东西。

共同的公民权会使有关系的一切人发生'一种无法忍受的一神主义'的宗教感情，因为对城邦的崇拜，事实上是一种宗教。政治上的多神主义是希腊的信条，这种信条倾覆了雅典帝国。要细心地琢磨，才能设想宗教（城邦的宗教）瓦解了雅典帝国，宗教（在所有城邦共同崇拜一个神化了的统治者意义上的宗教）又是亚历山大在希腊中的帝国的基础。"（贝尔克尔：《公元四世纪的伟大政治思想和理论》第Ⅵ卷第ⅩⅥ章，*Great Political Thought and Theory in the Fourth Century*, by Barker, ch. XVI, vol. VI, c. a. h.）

第四节　伯里克理斯民主——城邦希腊的极盛时代

希波战后城邦雅典经济及社会状况的演变

希波战后，雅典是雅典帝国的中心，而且也成为整个希腊世界的经济和文化的中心。

当萨拉米海战和布拉底战役前夕，波斯军占领阿提卡全境，雅典老弱妇孺两度登船避难他乡的时候，雅典公民及其家属总计，史家估计为16万—17万人，外邦人和奴隶在外——这时候，外邦人和奴隶的人口为数是不多的。战争期间，雅典公民全数在军中服役，社会地位最低的贫民阶层在舰船上当桨手，其他各等级的公民在重装步兵中和舰上战斗部队中，确实是全民皆兵。布拉底战役以后，雅典人在战胜强敌后热情奋发地重建家园，所需物资资源，可以依赖盟国的捐款，不久就有提洛同盟的贡款可资利用，恢复大概十分迅速。我们知道，就在建设家园过程中，雅典重新建筑了被波斯人毁掉的城墙，还完成了战前已经开始的庇里犹斯海港的筑路和设防工程，海港周围筑城长达10公里。这样雅典就有了巩固的海军基地，也有了比从前规模大得多的商港。三十年后，雅典人又筑长城把雅典和庇里犹斯海港连接起来，从此雅典代替了米利都和科林斯成为希腊世界最大的商业中心，工业如陶器、造船、武器制造也首屈一指了。

城邦雅典愈来愈富裕起来了。它的商业和手工业吸引许多外邦人来到雅典，有的来自希腊其他城邦，有的来自"蛮邦"。国家把战俘当作奴隶出卖，"从奇蒙出征小亚细亚和色雷斯的时候起，出身异邦人的大量奴隶便涌入了希腊市场"（卢里叶：《希罗多德论》，第45页）。奴隶在雅典全人口中的比重逐渐增大，史家估计，到伯罗奔尼撒战争前夕（公元前431年），雅典公民阶层人口大体上和希波战争前夕相仿，外邦人增到四万人左右，奴隶则在八万至十二万人之间。公民阶层在全人口中的比例降到一半左右。

雅典国家收入，达到按古代标准来说十分惊人的数额。它征收出入庇里犹斯港货物的关税，按货物价格征20%。它有阿提卡的劳里翁银矿，和奇蒙征服的色雷西亚海滨爱昂（Eion，此城直属雅典，不是独立城邦）城附近的潘金犹斯山金矿，两矿都给国库提供了可观的收入。更重要的是它有提洛同盟的贡款，这笔贡款最初定为460塔兰同，实征数约达410塔兰同。每阿提卡塔兰同合20.2公斤，460塔兰同合386,000英两（盎司）的银子[每一英两银子，合阿提卡货币七个德拉克玛（Drachma）略多一些，每一个德拉克玛可供五口之家一天大体过得去的生活]。加之盟国间的讼案在雅典审理要交纳讼费，以及其他国有财产的收入，都使国库收入膨胀起来。这笔收入如何使用，现在对雅典的经济生活和政治生活以至社会状况都要产生重大作用了。

"战士共和国"

这笔国库收入，首先用在维持在役的军人和"有报酬的公职"上面。亚里士多德在《雅典政制》中说：

> "由于国家日益壮大，而钱财也积累了很多，亚里斯特底斯就劝告人民，抛弃家园，入居城市，务以取得领导权为目的。告诉他们说，人人都会有饭吃，有的人服兵役，有的人当守卫军，有的人从事公社事情，这样他们就可以保持领导地位……他们又按照亚里斯特底斯的建议，为大众准备充分的粮食供应，因为贡赋、役税和盟国的捐款的综合所得足以维持二万多人的生活……"（第29页）

许多证据证明，有报酬的公职（引文所谓"从事公社事情"）并非开始于亚里斯特底斯时代（七十年代），那是伯里克理斯时代（五十年代）的事。用公款维持军队，也许开始于希波战争中的非常时期,那时阿提卡全境被占,雅典公民军势必仰赖盟国捐款维持,以后有了提洛同盟的贡款,用它来支付在役军队的薪饷,似乎是顺理成章的。而霸权中心的城邦雅典,即使不在战时,现在也不能没有一定量的"常备军"了。它要巡逻爱琴海面以警备海盗,要守卫作为海军基地的庇里犹斯海港,要守卫帝国境内的战略前哨,要维持一支随时可以出动的机动部队,包括海军和陆战队。至于战时组成的公民军,因为现在它所要进行的战争已经不是一个小小城邦的边境冲突,而多半是跨海远征,于是除战士口粮外,也得支付定额的薪饷了。这样,雅典公民的一部分,成了终年服役的领薪饷的兵士,战时则大部分公民是领薪饷的战士,所以亚里士多德说,雅典共和国是"战士共和国"。

公民、武装移民、外邦人和奴隶

然而,雅典这个"战士共和国"还是十分不同于斯巴达的。雅典公民大部分还在农村中,是自耕业主。务农,被看作适合于公民身份的高尚职业。伯罗奔尼撒战争开始(公元前431年),拉凯戴孟同盟大军侵入雅典四郊的时候,四郊务农公民的家属避难聚居雅典和庇里犹斯城内,因为人数过多,造成了严重的瘟疫。这就是说,除住在城里的公民而外,其余的公民平时还是躬耕田间,而不像斯巴达公民那样靠农奴贡赋为生的。

雅典公民,不仅在本国躬耕田间,还有机会躬耕于帝国范围内的海外地方,这就是"武装移民"制度。当盟国叛离,用兵征服,沦为附庸的时候,雅典对那个被征服的城邦的自治自给虽然仍予维持,但是为了震慑起见,常常派遣若干数量它的公民移居该地,称为"武装移民"。这种"武装移民",虽然身处海外,但有完全的雅典公民权。他们在当地是一种特殊身份的人,为当地居民所厌恶。

"武装移民"也居住在直属雅典,并非独立城邦的城市中。色雷西亚的爱昂,爱琴海上的西罗斯岛都直属雅典。后者长期以来一直是海盗巢穴,雅典派军剿灭后,由它的"武装移民"占据。

雅典城里的公民,除从军的和从事公务的而外,有手工艺匠,其中大部分同时又是手工作坊的主人,有大小商人,有赶牲口的等等。但是雅典人鄙视工业劳动,某种程度上也轻视商业,矿工尤其不是公民干的职业。于是,大批外邦人来到雅典这个希腊世界的经济中心经商,来开设手工作坊,来当医生和教师。外邦人是自由民,没有公民权,不得在阿提卡境内购买房屋土地,还要交纳一种特别的人头税,他们有从军的义务,他们也可以拥有奴隶。手工作坊中帮助艺匠干活的帮手、矿工、家庭仆人等等都由奴隶充当。奴隶的来源,一部分是战俘,一部分是奴隶贩子从蛮邦贩来的。十分特别的,雅典市的警察和雅典的档案管理员也由奴隶充当,他们是国家奴隶,也是买来的,由国家供给饭食,可以自由择居,这算是最高级的奴隶。充当家庭仆人和充当手工作坊帮工的奴隶,因为人数少,主人对他们接近的机会多,容易产生感情,大体上还能获得比较过得去的待遇。待遇最悲惨的是矿工,他们终日在监工的鞭子下作工,奴隶主指望从他们身上得到最大的利益,毫不顾惜他们的生命,因为这种"财产"的"更新"是并不困难的。

雅典奴隶和其他城邦的奴隶一样,主人可以"释放"(即解除其奴籍)他们,也可以由奴隶把他按惯例成为自己合法收入的钱款存储起来，积成整数，向主人赎身。被释放的奴隶取得外帮人的身份，和他的前主人仍保持某种隶属关系。如果他死后无嗣，遗产归旧主人家继承。

斯巴达那种类型的"战士共和国"以农奴黑劳士为基础。雅典那种类型的"战士共和国"以买来的奴隶为基础。从两者历史演变过程看，脉络是十分清楚的。古典希腊并存农奴制和奴隶制两者，这是无可怀疑的。可是我国史学界对此有过很多争论，所以，本书后章对此将做专门的考察。

有报酬的公职

有报酬的公职，开始实行于五十年代。众所周知的有陪审员津贴和议事会成员的报酬两项。为使雅典公民中生活无保障的阶层也确有可能参与国家大事，伯里克理斯[或说厄菲阿尔特（Ephialtes）]颁布了出庭陪审者履行义务的津贴。在进入法院大厦之前，授给每一个陪审员一根出庭杖和一颗证章，凭证可以领受规定的津贴两个欧布尔（Obol，以后又增加到三个欧布尔即半个德拉克玛）。我们知道，雅典法庭管辖范围及于帝国范围内各邦间的争议，每次开庭陪审员人数颇多，整个雅典经常有六千名公民充任陪审员，公民总人数约四万人左右，陪审员占公民中一个很大的比例。现代史家认为，充任陪审员的多数是已过军役年龄的老年公民，颁给陪审员津贴，事实上是对经历了长期军役的退伍老兵的一种照顾。雅典法庭审理案件范围既异常宽广，有报酬的陪审员制度又是中下阶层公民的极好的政治教育的机会。唯有当广大公民对国家大事有清楚的了解时，掌握国家最高权力的公民大会才不致流于形式。伯里克理斯民主,在这一方面确实是获得了很大成就的。

另一项重要的有报酬的公职是议事会。希波战争后议事会人数未变,五百名议事会成员以前都是无给职,伯里克理斯时每人每日津贴为一个德拉克玛(可供五口之家比较过得去的生活)。同时被选任为议事会成员的资格,也比克利斯提尼时代放宽了,凡"双牛级"(中农)阶层的公民均可选入议事会。鉴于财产标准已从实物单位折成货币单位,加之物价的上涨,雅典公民限于财产而不得被选任为议事会成员的人数已经寥寥无几。现代史家计算,根据议事会成员不得连选连任的规定,雅典公民的三分之一,一生中有机会被选入议事会。

雅典戏剧与观剧津贴

早在希波战争前夕,雅典戏剧已经开始繁荣。戏剧起于酒神大祭时咏唱颂歌的合唱队,后来合唱队增加一个表演的人员,跟合唱队对答台词,于是演员与合唱队之间有了"对白"。合唱和对白具有了情节,就发展成为有剧本的演唱。埃斯库罗斯(Aeschylus,参加过马拉松战役和萨拉米战役)把演员增加到两个和两个以上,完整形态上的戏剧于此创始。希腊剧场始终是圆剧场,倚山坡而筑,露天,没有屋顶,作半圆形,规模宏大,可以容纳大量观众。剧队主办人是富裕公民,剧队经费由这些富裕公民筹措。希波战争以后,雅典戏剧进入极其繁荣的时代,悲剧作家埃斯库罗斯、索福克勒斯(Sophocles)、幼里披底(Euripid,喜剧作家阿里斯托芬(Aristophon)的著作,传遍整个希腊世界,为罗马时代作家所摹仿。他们一些主要著作流传至今,马克思的博士论文中引埃斯库罗斯的《普罗米修斯》一剧中普罗米修斯的自白"说句老实话,我憎恨所有的神",指出:

"(这)也就是哲学本身的自白,哲学本身的箴言,是针对着凡是不承认人的自觉为最高神格的一切天神与地神而发的。"(《德谟克利特自然哲学和伊壁鸠鲁自然哲学的区别》)

希腊戏剧主题多数取材于神话,虽然如此,剧情、对白、唱词往往针对现实。也有取材于当前局势的,如希波战争前,福利尼卡斯的《米利都的沦陷》,演出时观众为之潸然泪下,这显然是希波战争的政治鼓动剧了。埃斯库罗斯是一个希腊的民族主义的爱国主义者,他的悲剧《波斯人》是歌颂萨拉米海战胜利的。到阿里斯托芬的喜剧,题材全为现实的政治和社会问题,他的剧本对当权人物做肆无忌惮的讽刺,在高度言论自由的民主雅典,并不因之而有任何禁演戏剧或迫害作者的措施。史家考证,希波战争后二百年间,主要在雅典,前后创作出来的戏剧剧本为数超过两千,这是真正的艺术繁荣!

戏剧是希腊人民爱国主义、民主主义和民族传统教育的极重要的工具。现在世界各地希腊城邦遗址的考古发掘,还常常找到宏伟美丽的圆剧场遗址。剧场又是举行酒神祭典之地,大概由公款兴建,剧队由富裕公民出资维持,每逢庆节演剧,观众要不要买门票,现在难于稽考。伯里克理斯时代的雅典,规定了一种"观剧津贴"制度,即在公共庆节演剧的时候,每个公民发给两个欧布尔的津贴,等于一人一天的生活费。这当然也是国库充裕的结果。

公民权的严格限制

我们已经知道,从梭伦时代起,有过一个时期雅典的公民权对新移入的外邦人是开放的,这是初期雅典得以吸收外邦艺匠商人,发展它当时很不发达的经济的一个重大而有效的措施。现在,雅典繁荣富裕起来了,雅典公民是一个庞大帝国中心的城邦中"轮番为治"的集体,拥有被选任为有报酬的公职,充当武装移民移居海外,领取观剧津贴等种种特权。雅典人不免认为,这是他们先辈在严酷的希波战争中,忍受极大的牺牲,英勇奋斗争取得来的。倘使公民权还是向一切新来的外邦移民开放,新来者无异于坐享其成,这是他们难于同意的。这种特权思想的产生,在一般人民中也许是难免的,然而是狭隘的。在这种心理前面,雅典公民权事实上也许已经愈来愈有限制了,不幸的是,号称贤明的热诚的民主主义者伯里克理斯,固然努力发展了雅典公民范围内的民主,都未能免于这种狭隘的城邦旧公民的本位主义。公元前445年,即在规定陪审员津贴制度后不久,伯里克理斯恢复一条旧法,规定"其父母皆为雅典人者,始能为雅典人",而且法律具有追溯既往的效力,执行得十分严格。这条法律曾引起许多曲解、欺骗和舞弊,引起许多诉讼。当时被揭发欺骗,变卖为奴者,约有五千人。

元老院、执政官与将军

希波战争后，雅典宪法上的变化，除以上所举几项外，最主要的有下列两项：

第一，元老院权力被削弱。希波战争时，梭伦宪法中誉为城邦两锚之一的元老院权力有所扩大。元老院由任满离职的执政官等重要行政官员组成，其成员都是终身任职，是雅典政制中保守的贵族成分。公元前462年，厄菲阿尔特通过公民大会改革元老院，极度削弱它的权力，仅保留审理杀人放火等案件和监督宗教仪式之权。它的原来职权转给陪审法庭、五百人议事会和公民大会。这些改革，加上陪审员和议事会成员的津贴制度，使得雅典政制，在公民范围之内，确实是高度民主的。

第二，希波战争前，雅典十个部落选出一个将军，组成"十将军委员会"统率军队，行政权力还在执政官掌握之中，全军由首席执政官任统帅，马拉松战役，首席执政官战死。以后战争频仍，军队统帅权逐渐长期保持在战胜的将军手中，首席将军逐渐掌握全部政务，执政官变成处理日常政务的机构。又，执政官职务一直固守旧制，任期一年，不得连选连任。可是将才难得，随意更换统帅，难免造成军事上的惨败，于是"不得连选连任"之制不适用于将军。这样，七十年代起，雅典政制一方面急剧地民主化了，一方面又有事实上可以成为终身职务的首席将军在指导全国国防、外交等重大政务，伯里克理斯就连任了首席将军十五年。按古希腊史家修昔底德的说法，"雅典在名义上是民主政治但是事实上权力是在第一个公民手中"。(《伯罗奔尼撒战争

史》,第150页)

公共工程——古典希腊建筑艺术的高峰

伯里克理斯时代,相当部分的国库收入用于"装饰雅典"——修建建筑史上著名的雅典娜大庙、忒修斯大庙以及豪华富丽的饰以巨大柱廊的雅典卫城正门。从雅典城到庇里犹斯港及法勒隆(Phalerum)港的长城,也在伯里克理斯时代筑成。连同伯里克理斯时代以前庇色斯特拉托、西蒙和伯里克理斯以后雅典所建的神庙、画廊、市场、水源地及输水设备,雅典成了当时希腊世界最宏伟富丽的城市。雅典娜大庙融合多里安风格和伊奥利亚风格,直到现在,还是世界各国建筑艺术的典范。各种建筑物的外部和内部,有各式各样精美雕刻、壁画、壁像装饰,不少保存至今,成为珍贵的文物。主持这些建筑的建筑师、雕刻家、画家,来自希腊世界各地,建筑工程分成小批交由私人承包,现存碑铭表明承包人有公民,有外邦人,也有奴隶。所给工价,三者并无区别(奴隶所得工价大概为奴隶主所得)。公民特权,也许只表现在有承包的优先权而已。

雅典——希腊文明的中心

希腊古代学术文化,首先兴起于小亚细亚,那里是史诗、抒情诗、自然哲学、自然科学的故乡,第三章章末已经约略涉及。现在,雅典是希腊世界的中心,它的建筑活动吸引一大批建筑家、雕刻家来到了雅典,在它内部,兴起了渊源于诗又超过了诗的戏剧，它的民主生活又使得议事会、陪审法庭和公民大会成为说话的艺术即雄辩术的广阔用武之地，雄辩术可以使一个普通的公民成为民众的领袖。在这种环境下，雅典的学术文化十分活跃，雅典公民在公开的政治生活中获得广泛的知识，希腊世界各地的知识分子也群趋雅典。伯里克理斯接近的人中，米利都自然哲学学派的哲学家阿拉克萨哥拉斯（Anaxagoras）、有名的雕刻家菲迪亚斯（Phidias）、希腊"历史之父"希罗多德，都来自外邦。著名的诡辩学家普罗达哥拉斯（Protagoras）、哥尔基亚（Gorgias）都到过雅典，为豪富子弟当教师，收受巨额报酬。这个传统开始于伯里克理斯时代，自此以后，长期不衰。伯里克理斯的下一代，就在战乱频仍的伯罗奔尼撒内战时期，雅典的苏格拉底（Socrates）兴起为一代哲学宗师，此后希腊哲学的四大派柏拉图、亚里士多德、伊壁鸠鲁、斯多葛（Stoic）都起于雅典，学派中心也一直在雅典，直到罗马时代。

后　记

《希腊城邦制度》这份笔记，是五哥最后的遗稿。遵照五哥的遗嘱，这份笔记在去年十二月我离京前已检出交给吴敬琏同志。这份笔记，在五哥生前，我还没有读过，很想读一遍，乃商得吴敬琏同志同意，于今年春节后送到了我手里。收到后，读了一遍，随之又读了一遍塞尔格耶夫的《古希腊史》，补了必要的一课（当然是远为不够的）。读后深感自己虽然学力不逮，无力续成，但抄存一份，既可供自己今后继续学习西方史时随时翻阅，同时又为后世多保存了一份抄本，总是一件好事。笔记共十余万字，全文于昨天傍晚抄竣，总算完成了一项心愿，心里感到欣慰，但是也不可抑制地感到无限痛惜！

*　　　　　　　*　　　　　　　*

希腊史研究，不过是五哥十年研究计划中的一部分，一个开端。他曾对我说过，打算用十年时间，通盘比较彻底地研究（先是）西方、（然后是）中国的历史，并在进行比较研究的基础上，达成他对历史未来的"探索"。如果天假以余年，可以期望十年之后，能得到某种成果。可是，谁能意料得到，"横逆"的袭击，竟来自他自己身上不治之症的肺癌，使他的这个研究计划还在刚刚开始的时候就夭折了！

幸运的是，他还给我们留下了这份笔记，虽然连这份笔记也还是一份未完稿。

我不知道他写这份笔记时原来的计划怎样。查阅他的原稿所附提纲，至少还有最后三节，即第六章的第五至第七节（第七、第八两节，后经修改，拟合为一节）没有来得及写，连第四节也还没有写完。（均见目录）

查阅他的日记，这份笔记开始动手于一九七四年二月十二日，五月二日以后就未再续写。其间他在给我的信中曾谈到他的"迷惑"，也就是他日记中所记的"卡壳"，打算重写。我在给他的复信中，要求他即使重写，旧稿也不要毁弃，借此可以看到自己走过来的足迹。现在，查阅他的日记，部分的重写还是有的。不过，彻底重写，也许有过这样的想法，却没有来得及实现。

伯里克理斯时代，是城邦雅典民主政治发展的顶峰，很可惜，笔记到这里戛然中断，我们已无法看到他对此将做怎样的评述。我们从笔记中还知道，原来的计划，还打算对斯巴达的农奴制（即黑劳士）和雅典奴隶制并存的问题有所论述，这对于阐释马克思关于论述雅典奴隶制的原意，澄清目前流行的某些含混可能有所裨益。但是，同样很可惜，他的思想和他的躯体一起已经化为灰烬了。

他所瞩目的当然远不止这些⋯⋯

*　　　　　*　　　　　*

现代的中国人，除了教学和少数研究机构的专业人员外，懂得西方史（包括古代希腊史等）的人，为数不多。从来的历史学家，都以叙述史实为主旨，即使有一些史论，往往也是就史论史。把西方史拿来和我国自己的历史做系统的对比研究的，虽说不是创举，也实在罕见。这份笔记，不是简单的史实的叙述，也不是就史论史式的迂腐的史论，而是做对比研究的尝试，它的可贵处也许就在这里。

我对于西方史，和绝大多数人一样，原来也是茫然一无所知。近两三年来，才开始读了一些西方史。乍读之下，我不能不在古代希腊的高度文明面前震惊不已（这绝不是妄自菲薄的民族虚无主义，看不起自己的老祖宗），它的繁荣的经济，它的高度的民主政治，它的自然哲学，它的灿烂的艺术文化……不仅在古代世界的历史上是罕见的，也截然不同于我国的古代历史。这一切究竟是什么使然呢？

身为中国人，对于自己的历史，"对于自己的祖宗，对不住，忘记了"（《毛泽东选集》合订本，第797页），茫然无知，固然是一种不能忍受的难堪的羞辱；而如果对于西方的历史也一无所知，也就难以做历史的、现实的比较，从而也就很难培养出一种鉴别能力。

研究历史，其目的无非是寻找已经成为过去的人类社会演变的历史轨迹，从而在这个基础上去探索未来。

人类社会的前景是光明的，这是肯定无疑的。然而，历史发展的进程毕竟不是一条直线，未来的前景中可以预见到的确实还存在着一些未知数，有待于继续进行探索，借以避免若干可以避免的痛苦。如果一切都已经有了现成的答案，那么，当然，这种探索就会变成完全多余和可笑的了。可惜，严酷的现实表明，事实并不是这样。

* * *

这份笔记今后的命运怎样，我无法预测和断定。也许它会像历史上并不鲜见的许多先人和他们的著作一样，湮没在历史的洪流中,也许它可能在某种历史条件下,居然还能被人所重视。但是,重要的不是他已经开始的这种历史研究是否有人继续下去(我当然衷心期望能有人继续下去),因为,五哥从事这种历史研究,他的本来的目的并不在研究历史。

我瞩目于未来……

陈敏之
一九七五年四月十六日抄毕后记